myNews explica!

Pesquisas Eleitorais

Denilde Holzhacker

70

myNews explica!

Pesquisas Eleitorais

Denilde Holzhacker

70

MYNEWS EXPLICA PESQUISAS ELEITORAIS

AUTOR: Denilde Holzhacker

DIRETOR DA ALMEDINA BRASIL: Rodrigo Mentz
EDITOR DE CIÊNCIAS SOCIAIS E HUMANAS E LITERATURA: Marco Pace
COORDENADORAS DA COLEÇÃO MYNEWS EXPLICA: Gabriela Lisboa e Mara Luquet
ASSISTENTES EDITORIAIS: Isabela Leite e Larissa Nogueira
ESTAGIÁRIA DE PRODUÇÃO: Laura Roberti

REVISÃO: Marian Gabani e Luciana Boni
DIAGRAMAÇÃO: Almedina
DESIGN DE CAPA: Roberta Bassanetto
IMAGEM DE CAPA: Galaktikdreamer - Freepik.com

ISBN: 9788562938979
Setembro, 2022

Dados Internacionais de Catalogação na Publicação (CIP)
(Câmara Brasileira do Livro, SP, Brasil)

Holzhacker, Denilde
MyNews explica pesquisas eleitorais / Denilde Holzhacker
São Paulo, SP : Edições 70, 2022.

Bibliografia.
ISBN 978-85-62938-97-9

1. Pesquisa eleitoral 2. Opinião pública – Pesquisa I. Título.

22-115182 CDD-324.7072

Índices para catálogo sistemático:

1. Pesquisa eleitoral : Ciência política 324.7072

Eliete Marques da Silva – Bibliotecária – CRB-8/9380

Este livro segue as regras do novo Acordo Ortográfico da Língua Portuguesa (1990).

EDITORA: Almedina Brasil
Rua José Maria Lisboa, 860, Conj. 131 e 132, Jardim Paulista | 01423-001 São Paulo | Brasil
www.almedina.com.br

Sumário

Introdução

Em todo o mundo democrático as pesquisas eleitorais fazem parte das estratégias das equipes de campanha, da imprensa e da opinião pública. Quem está liderando as intenções de votos? Quais as características que os eleitores buscam em um candidato? Quais as expectativas e políticas que os eleitores apoiam? Essas perguntas se tornaram rotineiras quando pensamos no cenário eleitoral, e sempre buscamos entender os relatórios dos institutos de pesquisa.

As pesquisas não são uma atividade de adivinhação, mas requerem uma série de técnicas de coleta e análise de dados. Desde as primeiras pesquisas de opinião realizadas nos Estados Unidos, elas ganharam maior solidez metodológica e são cada vez mais sofisticadas.

A partir de pesquisas quantitativas e qualitativas, as campanhas definem, por exemplo, o slogan do candidato, os temas dos discursos e as estratégias junto aos eleitores.

Antonio Mendes[1] relata que o slogan da campanha de Collor de Mello – "o caçador de marajás" – foi definido a partir da análise de pesquisas qualitativas que detectaram um sentimento na população. Marcos Coimbra, do Instituto Vox Populi, em entrevista à Revista Piauí[2] publicada em março de 2010, afirmou que a campanha de Fernando Collor utilizou "[pesquisas] qualitativas para acompanhar se o Collor que aparecia no horário eleitoral estava em linha com o que a população esperava de um candidato, mas ele não foi um produto criado pelas pesquisas: era genuinamente o que as pessoas queriam de um candidato naquele momento". Coimbra ressalta que as pesquisas se limitam a orientar as campanhas, mas não é possível atribuir a vitória de um candidato apenas avaliando essa dimensão.

Fernando Collor não foi o único a utilizar intensamente as pesquisas para moldar seu discurso. Os exemplos são fartos tanto nas eleições brasileiras, quanto em outros países. No seu livro *Casos & Coisas*, o publicitário Duda Mendonça explicou como as pesquisas qualitativas ajudaram na escolha do candidato Celso Pitta para a disputa para a prefeitura de São Paulo, em 1996. Ele também contou como as pesquisas qualitativas orientaram a pré-campanha presidencial em 2002.

Duda Mendonça descreve as etapas em que as pesquisas são fundamentais:

> antes de começar uma campanha, dados e análises são fundamentais. Sem isso, você está atirando no escuro.

---

[1] MENDES, Antonio Manoel Teixeira. "O papel das pesquisas eleitorais". Novos Estudos CEBRAP, n. 29, mar. 1991, pp. 28-33.

[2] DIEGUEZ, Consuelo. "Dentro das pesquisas: como as enquetes quantitativas e qualitativas se tornaram a bússola da campanha para presidente". *Revista Piauí*, n. 42, mar. 2010. Disponível em: https://piaui.folha.uol.com.br/materia/dentro-das-pesquisas/

> É como navegar sem bússola, ou viajar de carro, à noite, sem freios e sem faróis... no meio da chuva. Depois de ter feito o diagnóstico, o segundo passo deve significar um avanço maior. Quero conhecer de perto quem vota e quem pode vir a votar no meu candidato, deixando totalmente de lado aqueles que o rejeitam.[3]

Com esse material de dados e informações as campanhas se debruçam nas estratégias para levar o candidato à vitória. O acompanhamento diário com pesquisas quantitativas, qualitativas e grupos focais fazem parte da realidade das campanhas e do marketing político.

Se de um lado as pesquisas norteiam as campanhas, as alianças políticas e como os candidatos respondem às demandas da população, de outro lado ainda persistem desconfianças quanto aos resultados divulgados.

A cada final de eleição, os institutos são confrontados e questionados sobre as diferenças entre as pesquisas divulgadas e os resultados das urnas. Muitos fatores influenciam o voto dos eleitores, sendo que as pesquisas mensuram as tendências e buscam indicar quem tem mais chance de ganhar uma eleição. Como veremos nos próximos capítulos, o tamanho da amostra, o questionário e a forma de entrevista podem gerar erros que afetam a capacidade das pesquisas de representarem a opinião pública.

Conhecer as expectativas, sentimentos e indagações dos eleitores são aspectos importantes para o debate político e para a construção de políticas públicas. No entanto, devemos compreender que as pesquisas são reflexos do clima político. Uma pesquisa feita um ano antes do pleito pode ter

---

[3] MENDONÇA, Duda. *Casos & Coisas*. São Paulo: Globo, 2001. p.12.

resultados bem diferente de outra conduzida duas semanas antes da eleição. Os institutos argumentam que as denominadas "viradas dias antes da eleição" são responsáveis pelas discrepâncias dos dados da pesquisa e das urnas. Isso ocorre porque, na reta final da campanha, as equipes mudam as táticas para reverter as intenções de voto e, com isso, atrair os eleitores indecisos. Os candidatos e partidos alteram as estratégias considerando a "fotografia do momento", como muitos pesquisadores sempre enfatizam.

Para entender o debate em torno das pesquisas no Brasil e no mundo, explicaremos os diferentes tipos de pesquisa e suas etapas. Mais importante é fornecer um guia aos leitores para compreenderem o quadro político e os fatores que influenciam os resultados das eleições.

1. Opinião Pública, Atitudes e Comportamento

Desde os filósofos gregos se analisam os efeitos dos sentimentos populares como fator importante no debate político. Platão respeitava as visões do público, no entanto, na sua perspectiva, somente pessoas educadas tinham condições de entender os assuntos públicos e eram, dessa forma, capazes de opinar. Apesar de demonstrar desconfiança sobre a capacidade de influência da opinião pública nos assuntos de governo, Aristóteles tinha uma posição mais otimista que Platão sobre o papel da opinião pública junto ao governo.

Séculos depois, outros pensadores, como Locke e Rousseau, analisarão a influência da população nos assuntos públicos. Jean Rousseau, como Locke, defende a importância dos direitos individuais e a participação popular nos assuntos públicos. Esses pensadores pressupõem uma sociedade livre e interessada em controlar as ações dos governos.

Nos séculos 18 e 19, com a ampliação da participação e alargamento das bases sociais, aumenta o debate conceitual sobre a natureza da opinião pública. Tocqueville, em *Democracia na América*, aponta como o público afeta as políticas nos Estados Unidos. Na concepção de Tocqueville, para se evitar que os costumes da maioria destruíssem os desejos das minorias, seria importante fortalecer as instituições democráticas baseadas na soberania popular. Com isso, os desejos e os sentimentos de todos estariam presentes nas decisões governamentais.

Com a evolução dos estudos sociológicos e a maior penetração da impressa de massa já no início do século 20, temos uma nova geração de estudos e pesquisas sobre a opinião pública. No seu modelo de opinião pública, Gabriel Tarde[4] argumenta que os jornais de grande circulação são centrais para influenciar as conversas políticas, informando o público e esclarecendo posições que serão centrais para a definição das escolhas eleitorais. Esse modelo sofreu várias críticas, pois ele representaria uma visão unidimensional da formação da opinião pública. Outros modelos foram utilizados para explicar a formação da opinião e dos sentimentos que influenciam as decisões públicas. Esses estudos não queriam apenas entender a formação da opinião pública, ou como influenciam as decisões, mas sim mensurar a opinião pública. O desenvolvimento de técnicas estatísticas e métodos de coleta de informação permitiram que se fosse além dos estudos conduzidos até então.

A chamada era das sondagens, como novas técnicas e métodos estatísticos, trouxe evidências sobre o comportamento político a partir de entrevistas, estruturadas, com

[4] TARDE, Gabriel. *A Opinião Pública e as Massas.* São Paulo: Martins Fontes, 1992.

número expressivo de cidadãos. Considera-se que o primeiro experimento de pesquisa foi realizado em 1824 pelo jornal *Harrisburg Pennsylvanian.* O jornal entrevistou cidadãos da cidade de Wilmington, com o intuito de mensurar as preferências de voto na eleição presidencial. Os resultados indicavam a vitória de Andrew Jackson com 70% das preferências (335 votos), enquanto o secretário de Estado John Quincy Adams tinha 23%. O candidato Henry Clay aparecia na pesquisa com 4%, e William Crawford com apenas 2%. O resultado eleitoral confirmou a vitória Jackson, que obteve 77 mil votos a mais que Adams. No entanto, como nenhum candidato obteve a maioria dos votos, a eleição foi decidida na Câmara dos Deputados e Adams saiu vitorioso[5].

O método utilizado pelo jornal *Harrisburg Pennsylvanian* é chamado votação prévia (*straw poll*), que consiste em uma enquete não probabilística. Entre 1900 e 1920 foram realizadas aproximadamente 20 pesquisas no modelo votação prévia. Em 1916, a revista *Literary Digest* passou realizar as sondagens com o método *straw poll* em larga escala. Em geral, os jornais e revistas enviam por correio cédulas para suas bases de assinantes e potenciais eleitores. Por exemplo, em 1923, no período de eleição para prefeito de Chicago, o jornal *Chicago Tribune* computou mais de 85 mil entrevistas, que foram realizadas um mês antes da eleição[6]. Esse método foi largamente utilizado pelos jornais e institutos de pesquisa até final dos anos 1930.

Os entusiastas das pesquisas de opinião viam as pesquisas com uma nova forma, mais sistemática, de compreensão do comportamento político e atitudes da sociedade.

---

[5] SMITH, Tom W. "The first straw? A study of the origins of election polls". *Public Opinion Quarterly*, v. 54, n. 1, pp. 21-36, 1990.

[6] FRANKOVIC, Kathellen. "Exit polls and Pre-Election Polls". *The SAGE handbook of public opinion research.* 2008. pp. 570-579.

No entanto, os mais críticos avaliavam que a falta de modelos e padronização dos estudos fomentavam análises inconsistentes e que não cobriam todas as facetas do fenômeno social. Apesar do número de entrevistas, as pesquisas divulgadas na imprensa apresentavam resultados de pouca confiabilidade.

A revolução behaviorista – com a introdução de técnicas estatística – buscou sanar esse problema, e as pesquisas ganharam uma nova dimensão. A partir de 1935, George Gallup e Elmo Roper passaram a conduzir um outro tipo de pesquisa, baseada em modelos estatísticos para definição da amostra. Os novos estudos entrevistavam um número muito menor de pessoas, em comparação com aquelas conduzidas pelos jornais e revistas. Os entrevistados eram selecionados por critérios como local de residência, sexo e renda, proporcionalmente de acordo com a representação na população em geral.

O teste entre os dois modelos de pesquisa ocorreu na eleição presidencial nos Estados Unidos em 1936. Nessa eleição, a *Literary Digest* previu a vitória de Alf Landon (57%) sobre Franklin Roosevelt (43%) e foi contestada pelo Instituto Gallup, que previu a vitória com 55,7% dos votos. O método de amostragem mostrou-se mais eficiente do que o do *Literary Digest.* A diferença entre o método do Gallup e o da revista foi a escolha dos entrevistados. Enquanto o Gallup sorteou os entrevistados por método aleatório, a *Literary* utilizava várias listas, entre elas de seus assinantes e, por exemplo, registro de proprietários de carros, em geral pessoas com alto poder aquisitivo. A revista enviava a enquete solicitando que as pessoas indicassem a sua preferência na eleição. Com 2 milhões de respondentes, a *Literary* não conseguiu prever o resultado da eleição[7].

---

[7] OBERSCHALL, Anthony. "The historical roots of public opinion research". The SAGE Handbook of Public Opinion Research. 2008. pp. 83-92.

Além de não prever o resultado da eleição, o estudo da *Literary Digest* evidenciou alguns dos problemas presentes nas pesquisas eleitorais: em primeiro lugar, as listas utilizadas concentravam-se em grupos sociais de maior poder aquisitivo, distorcendo, dessa forma, os resultados. Em segundo lugar, das 10 milhões de pessoas que receberam o questionário por correio, 20% retornaram suas respostas, o que aumentou ainda mais a distorção da pesquisa.

The Literary Digest

NEW YORK AUGUST 22, 1936

Topics of the day

"THE DIGEST" PRESIDENTIAL POLL IS ON!

Famous Forecasting Machine Is Thrown Into Gear for 1936

FIGURA 1 – **"Topics of the day". *The Literary Digest*, 22 ago. 1936, pp. 3-8.** Disponível em: https://www.unz.com/print/LiteraryDigest-1936aug22-00003

Nos Estados Unidos, entre 1936 e 1945, estima-se que foram conduzidas mais de 400 pesquisas de opinião por três importantes institutos criados na época: George Gallup American Institute of Public Opinion (AIPO), o Instituto Roper Center for Public Opinion e o National Opinion Research Council (NORC). A expansão das pesquisas ocorreu não só nos Estados Unidos, com a criação de outros institutos de pesquisa, mas também em outras democracias. O Instituto Gallup, por exemplo, abriu, em 1938, escritórios na Grã-Bretanha, e, após a II Guerra Mundial, em outros países da Europa e na América Latina.

Também houve, nos anos 1940, o surgimento de vários estudos baseados em modelos sociológicos que buscavam entender a influência do ambiente social no comportamento político. Um importante estudo foi realizado por Paul Lazarfeld[8], em Erie County, Ohio, que entrevistou 600 pessoas. Essas pessoas foram contactadas sete vezes, entre maio e novembro, para que se verificasse a mudança de opinião durante o processo eleitoral. O estudo mostrou o quanto as características demográficas influenciavam as escolhas eleitorais. Além disso, o estudo demonstrou as inconsistências de opinião entre os diferentes grupos sociais, bem como o papel da liderança política durante a campanha.

Nos Estados Unidos, o Research Center da University de Michigan dominou os estudos sobre comportamento eleitoral entre os anos 1940 e 1960. Autores como August Campell[9],

---

[8] LAZARSFELD, Paul F.; BERELSON, Bernard; GAUDET, Hazel. *The People's Choice.* Columbia University Press, 1968.

[9] CAMPBELL, Angus et al. *The American Voter.* University of Chicago Press, 1980.

Gabriel Almond e Sidney Verba[10] e Philip Converse[11] foram expoentes dos estudos desse período. No livro *American Voter*, August Campell e outros autores expõem as teses centrais do grupo. De acordo com os autores, três variáveis são importantes para predizer o voto dos eleitores: identidade partidária, opiniões sobre assuntos políticos e a imagem dos candidatos. No modelo da Escola de Michigan, a identidade partidária tem papel central na escolha eleitoral, pois ela desenvolve sentimentos de longo prazo e relaciona-se com as características sociais.

Outro importante estudo desse período foi conduzido por Philip Converse, que inovou em termos metodológicos, com a adoção de pesquisas consecutivas com os mesmos entrevistados, e também na definição do conceito de sistema de crenças. Os indivíduos, independentemente da posição social, se relacionam com a política a partir do nível de conceitualização que são capazes de elaborar[12]. Para Converse, as opiniões e atitudes uma vez formadas tendem a ser estáveis ao longo do tempo. No entanto, ele constatou que apenas uma pequena parcela da opinião pública tinha uma opinião estruturada. Grande parte da população tinha opiniões inconsistentes e voláteis. Para a grande maioria a opinião se forma a partir da visão dos líderes, da família ou de aspectos relacionados ao cotidiano.

---

[10] VERBA, Sidney; ALMOND, Gabriel. *The Civic Culture. Political attitudes and democracy in five nations.* 1963.

[11] CONVERSE, Philip E. "The nature of belief systems in mass publics (1964)". *Critical Review*, v. 18, n. 1-3, pp. 1-74, 2006.

[12] FIGUEIREDO, Marcus. *A Decisão do Voto: Racionalidade e democracia.* São Paulo: 1991.

Anthony Down[13], por outro lado, afirma que os eleitores fazem escolhas racionais, baseadas em uma relação de custo e benefício. Para ele, a informação inadequada eleva o custo da decisão para o eleitor. Dessa forma, os temas ligados ao cotidiano e com impacto direto na vida do cidadão tendem a ganhar mais peso na escolha eleitoral. Para Down, a agenda econômica, por seu impacto na vida das pessoas, tende a ter maior impacto na escolha eleitoral.

Reorganizando os dados do Instituto Gallup entre 1936 e 1979, Page e Shapiro[14] demonstraram que a opinião pública americana é estável e consistente ao longo dos anos. Por meio de métodos matemáticos, que expressam opiniões agregadas, os autores mostraram que o resultado obtido por uma opinião coletiva é igual à média das tendências centrais de cada indivíduo, e a média geral reflete a tendência central da opinião geral. Os indivíduos não são totalmente desprovidos de informação e, nesse sentido, conseguem expressar suas opiniões. No entanto, os autores reforçam que existe uma relação entre opinião e informação, sendo que as pessoas mais informadas tendem a ter opiniões mais consistentes. Dessa forma, reforçam os argumentos de que a falta de informação impacta as atitudes e escolhas eleitorais.

Nos últimos anos, as pesquisas buscaram identificar os valores presentes nas sociedades atuais. O trabalho de Robert Inglehart[15] considera que as sociedades europeias e estadunidenses refletem tanto os valores materialistas, como

---

13 DOWNS, Anthony. *The origins of an economic theory of democracy. Information, Participation and Choice: An Economic Theory of Democracy in Perspective.* 1995. pp. 197-200.

14 PAGE, Benjamin I.; SHAPIRO, Robert Y. *The Rational Public.* University of Chicago Press, 2010.

15 INGLEHART, Ronald. “Postmaterialist values and the shift from survival to self-expression values”. *The Oxford Handbook of Political Behavior.* 2007. pp. 223-239.

prosperidade e segurança, quanto os pós-materialistas, como o interesse pelo bem-público. Porém Inglehart aponta que a análise de survey, em países de alta renda per capita, indica uma mudança para a predominância dos valores pós-materialistas. As mudanças culturais e sociais nas democracias seriam, na sua concepção, um dos fatores para a crescente ampliação dos valores pós-materialistas na sociedade.

Os avanços nos estudos sobre opinião pública não se restringem em um melhor entendimento a respeito das atitudes, valores e crenças presentes na sociedade, mas também se ampliou a variedade de técnicas e a capacidade de coleta de dados. Entre 1984 e 2000, estima-se que nas eleições presidenciais nos Estados Unidos houve um aumento de 900% no número de pesquisas de clima eleitoral[16]. Por décadas as entrevistas foram realizadas por telefone, mas a introdução das pesquisas online e entrevistas eletrônicas (Unidade de Resposta Audível, ou URA), a partir de 2000, reduziram os custos e aumentaram o alcance das pesquisas. Como discutiremos nas próximas seções, os métodos ainda trazem limitações e novos desafios.

Com maior diversidade de fontes, surgem cada vez mais agregadores de pesquisas (software que agregam dados de diferentes institutos), alguns bastante populares. Os websites FiveThirtyEight.com, Pollster.com, The Princeton Election Consortium e RealClearPolitics.com ganham destaque na imprensa a cada eleição. Nate Silver, fundador do FiveThirtyEight.com, tornou-se popular na eleição de 2008 com suas previsões baseadas em modelos estatísticos.

A variedade de métodos de agregação, que vão desde a média simples de todas as pesquisas até complexos modelos

[16] HILLYGUS, D. Sunshine. "The evolution of election polling in the United States". *Public Opinion Quarterly*, v. 75, n. 5, pp. 962-981, 2011.

estatísticos, cria uma sensação de desconfiança quanto à capacidade preditiva da técnica[17]. Por outro lado, essas técnicas reduzem a volatilidade dos dados, além de oferecerem uma perspectiva temporal da evolução das intenções de votos. No entanto, os agregadores de pesquisa ainda são suscetíveis aos tipos de modelos estatísticos para ponderação das amostras, considerando suas especificidades e diferentes dimensões. Apesar do sucesso em termos de público e de divulgação na mídia, os agregadores ainda são vistos com ceticismo por muitos analistas.

As transformações tecnológicas têm aberto novos horizontes para as pesquisas sobre o comportamento dos eleitores no mundo, permitindo aos pesquisadores compreenderem as consistências das opiniões, testando diferentes hipóteses sobre o comportamento, e quais os fatores que influenciam as escolhas eleitorais. No entanto, o escândalo envolvendo a empresa Cambridge Analytica, em 2016, expõe os temores sobre quanto as informações individuais, publicadas nas redes sociais, podem ser manipuladas e afetar o sistema democrático.

A Cambridge Analytica foi acusada de coletar ilegalmente as informações de 87 milhões de usuários do Facebook. A empresa disponibilizava desde 2014 testes psicológicos gratuitos via Facebook. Além dos usuários que concordavam com as condições de uso dos testes, a empresa também coletava informações de toda a rede dos participantes dos testes psicológicos. Os dados incluíam as informações pessoais (nome, profissão, local de residência), os hábitos e a rede de contatos dos participantes dos testes. As informações foram utilizadas nas estratégias de campanha do plebiscito,

[17] HILLYGUS, D. Sunshine. "The evolution of election polling in the United States". *Public Opinion Quarterly*, v. 75, n. 5, pp. 962-981, 2011.

no Reino Unido, sobre a saída do país da União Europeia (Brexit) e também pela equipe de campanha eleitoral de Donald Trump, em 2016. A empresa se aproveitou de uma falha nas normas do Facebook, que proibia a venda de dados dos usuários para propaganda ou uso comercial, mas permitia que aplicativos externos coletassem as informações da plataforma. No caso da eleição presidencial nos Estados Unidos, com as informações da Cambridge Analytica, a campanha de Donald Trump criou perfis nas redes para direcionar material pró-Trump e contrário a Hillary Clinton.

A Cambridge Analytica, como outras empresas de data-driven, utiliza-se da técnica de "micro-segmentação digital", que se baseia no marketing digital para definir os perfis da audiência a que serão dirigidas as mensagens de campanha. O documento da Cambridge Analytica[18] sobre a campanha Leave.EU (favoráveis a saída da Grã-Bretanha da União Europeia) mostra como, a partir de dados sobre estilo de vida, perfil de consumo e dados demográficos, o comportamento da população seria analisado, para, assim, propor mensagens com o objetivo de persuadir e influenciar os eleitores. A comunicação política seria dirigida para indivíduos ou nichos de audiência. Além disso, as mensagens poderiam ser adaptadas de acordo com as diferenças entre os receptores.

Candidatos e partidos políticos consideram eficiente a microssegmentação digital para a comunicação com eleitores não atentos à publicidade política tradicional, sendo, assim, uma nova ferramenta, de baixo custo, na condução

---

[18] Cambridge Analytica. Leave. EU: Psychographic Targeting for Britain. Disponível em: https://www.parliament.uk/globalassets/documents/commons-committees/culture-media-and-sport/BK-Background-paper-CA-proposals-to-LeaveEU.pdf

das campanhas. Por outro lado, alguns grupos de eleitores podem ser ignorados durante a campanha eleitoral, ou a agenda pública pode ficar restrita a determinados nichos, que não expressam a visão da maioria. Outro ponto relevante é que a microssegmentação favorece a fragmentação do debate político e exacerba a polarização entre grupos[19].

Quadro 1 – **Impactos positivos e negativos da microssegmentação política**

Positivos	Negativos
• Alcance de grupos sociais de difícil contato • Maior conhecimento sobre as preferências e atitudes dos eleitores • Menor custo para campanhas eleitorais	• Exclusão de grupos de eleitores • Manipulação dos eleitores • Falta de transparência no uso dos dados • Fragmentação do debate político

Fonte: **Adaptado de BORGESIUS, Frederik et al., 2018, p. 92.**

O escândalo da Cambridge Analytica ampliou o debate sobre segurança e privacidade de dados onlines, gerando preocupação em vários países a respeito da necessidade de marcos regulatórios que definam os limites para uso de dados digitais[20]. No entanto, esse debate envolve uma ampla dis-

---

[19] BORGESIUS, Frederik et al. "Online political microtargeting: Promises and threats for democracy". *Utrecht Law Review*, v. 14, n. 1, pp. 82-96, 2018.

[20] DOBBER, Tom; Ó FATHAIGH; Ronan; ZUIDERVEEN; BORGESIUS, Frederik. "The regulation of online political micro-targeting in Europe". *Internet Policy Review*, v. 8, n. 4, 2019.

cussão não apenas sobre privacidade de dados, mas levanta também questões éticas e manipulação da informação. De outro lado, existe uma maior pressão por maistransparência e pela divulgação das técnicas e métodos de coletas de dados virtuais. No entanto, esse debate envolve uma ampla discussão a respeito dos direitos à livre expressão da opinião e do papel das plataformas e redes sociais[21].

O desenvolvimento das empresas de pesquisas e estudos de comportamento eleitoral influenciaram a área em diversos países, inclusive no Brasil. Por isso, a importância que que os avanços tecnológicos sejam acompanhados de um debate sobre a garantia dos direitos individuais e os princípios democráticos.

---

[21] DOBBER, Tom; Ó FATHAIGH; Ronan; ZUIDERVEEN; BORGESIUS, Frederik. "The regulation of online political micro-targeting in Europe". *Internet Policy Review*, v. 8, n. 4, 2019.

2. Pesquisas Eleitorais no Brasil

Octavio Costa Eduardo conta que a primeira pesquisa realizada no Brasil foi nos anos 1940 e tinha como objetivo

investigar o nível de informação e as percepções dos brasileiros sobre a guerra na Europa e a repercussão de possível entrada dos EUA nessa guerra, bem como mapear a penetração das emissoras de rádio no país. Dada a importância geopolítica do Brasil essas informações seriam úteis para orientar a comunicação e criar um clima favorável, diante da possível entrada dos EUA no conflito mundial. Foram realizadas 2.000 entrevistas em São Paulo, Rio de Janeiro, Minas Gerais, Rio Grande do Sul, Bahia e Pernambuco, nas capitais e cerca de 20 outras cidades, sendo necessários 6 meses para sua conclusão.[22]

[22] EDUARDO, Octavio da Costa. "Pequena história comentada da pesquisa de mercado e opinião pública no Brasil: a etapa pioneira". *Revista da ESPM*, ano 9, v. 10, n. 1, jan./fev. 2003.

Criado em 1942, o Instituto Brasileiro de Pesquisa e Estatística (IBOPE) foi o primeiro instituto de pesquisa no Brasil. Inspirado no Instituto Gallup, o IBOPE mensurava a audiência das rádios brasileiras. A primeira pesquisa eleitoral realizada pelo IBOPE aconteceu em 1945 na cidade de São Paulo com intuito de entender as eleições presidenciais daquele ano. O estudo indicou a vantagem de Eduardo Gomes (UDN) sobre Eurico Dutra (PSD) na cidade de São Paulo (67% contra 33%). Dutra foi eleito com 55,4% dos votos válidos. Nos últimos dias de campanha, Getúlio Vargas divulgou uma carta de apoio ao Eurico Dutra em que pedia para que as pessoas votassem no seu candidato e não se abstivessem da eleição. Esse fato foi considerado decisivo para garantir a vitória de Dutra, diferente dos resultados indicados pela pesquisa do IBOPE.

Entre os anos 1940 e 1960, o IBOPE conduziu sondagens eleitorais focadas nas eleições, na avaliação do desempenho dos governantes e parlamentares[23]. Eram muitas as suspeitas quanto aos resultados divulgados pelo IBOPE, por vezes os veículos de impressa denunciavam que os dados eram manipulados para atender a determinado grupo político. Apesar das críticas ao instituto, as pesquisas realizadas entre 1963 e 1964, que antecederam o golpe militar e a queda do governo de João Goulart, mostravam o clima político junto à opinião pública, assim como as visões a respeito da reforma agrária, dos movimentos grevistas e do desempenho do governo[24].

---

[23] Encarte Tendências. *Revista Opinião Pública*, v. 16, n. 2, nov. 2010. Disponível em: https://doi.org/10.1590/S0104-62762010000200011

[24] DIAS, Luiz A. "Vozes dissonantes: análise do jornal Folha de S. Paulo e de pesquisas do Ibope no golpe civil-militar de 1964". *Revista Verinotio*, n. 17, pp. 63-72.

Em plena ditadura, o IBOPE realizou um levantamento em setembro de 1968, conduzido em São Paulo e Rio de Janeiro. No entanto, as pesquisas de opinião foram proibidas a partir da instauração do AI-5, em dezembro de 1968. Foi somente com o processo de transição política, nos anos 1980, que os institutos voltaram a entrevistar a população. Com a democratização, outros institutos foram criados, como o Datafolha, em 1983, e o Instituto Vox Populi, em 1984.

Nas eleições presidências de 1989, a primeira após a ditadura militar, as sondagens pré-eleitorais ganharam projeção na imprensa e junto às equipes de campanhas. A divulgação dos resultados das pesquisas eleitorais se tornou parte da cobertura da mídia sobre o cenário político.

Entre 1989 e 2010, três jornais impressos – *O Estado de São Paulo, Folha de São Paulo* e *O Globo* – divulgaram 906 pesquisas conduzidas pelos institutos IBOPE, Gallup, Datafolha, Vox Populi e Instituto Sensus[25]. O peso das pesquisas pode ser percebido pelo destaque dado aos resultados: 45% das pesquisas tiveram chamada na primeira capa dos jornais.

---

[25] BIROLI, Flávia; MIGUEL, Luis Felipe; MOTA, Fernanda Ferreira. "Mídia, eleições e pesquisa de opinião no Brasil (1989-2010): um mapeamento da presença das pesquisas na cobertura eleitoral". *Revista Compolítica,* n. 1, v. 1, mar./abr. 2011.

Quadro 2 – **Número de pesquisas publicadas pelos jornais diários nas eleições presidenciais, 1989-2010**

	Folha de São Paulo	O Estado de São Paulo	O Globo	Total
1989	116	69	110	295
1994	67	45	24	136
1998	22	11	15	48
2002	123	26	35	184
2006	34	35	30	99
2010	63	34	47	144
Total	425	220	261	906

Fonte: **Biroli, Miguel e Mota, 2011, p. 76**

Além dos veículos de comunicação e partidos políticos, desde 2018 observa-se um crescimento de pesquisas encomendadas por instituições financeiras. O setor financeiro sempre teve um papel importante no acompanhamento do quadro eleitoral, mas em geral as pesquisas eram apenas utilizadas para análise interna e sem divulgação na mídia. Em 2018, com as incertezas no quadro político-eleitoral, as instituições passaram a divulgar na mídia as pesquisas de intenção de votos. As pesquisas encomendadas pela XP Investimentos, Genial Investimentos e BTG Pactual, por exemplo, passaram a ser divulgadas na imprensa e entre investidores.

As instituições financeiras alegam que os levantamentos contribuem para a análise de risco político por parte do mercado financeiro e que não devem ser vistas como uma tentativa de influenciar o debate político. No entanto, existem várias críticas quanto à atuação dessas instituições e a sua influência no debate eleitoral.

As pesquisas financiadas pelos bancos e corretores seguem as normas do Tribunal Superior Eleitoral (TSE). Além disso, Comissão de Valores Mobiliários (CVM), responsável por fiscalizar as instituições do mercado de capitais, atua para evitar o uso indevido das informações obtidas pelas pesquisas.

Quadro 3 – **Institutos de pesquisa e empresas contratantes selecionados (2020-2022)**

Instituto	Contratante	Número pesquisas divulgadas de jan/2020 – abril/2022
FSP	BTG Pactual	1
Real Time Big Data	CNN	1
MDA	Confederação Nacional dos Transportes (CNT)	3
Paraná Pesquisas	BGC Liquidez Distribuidora de Títulos e Valores Mobiliários	4
Datafolha	Folha de São Paulo	5
Futura Inteligência	Modalmais	8
Ideia Big Data	Exame	8
Quaest	Genial Investimentos	9
Ipespe	XP Investimentos	16
PoderData	PoderData	19

Fonte: **Elaboração própria a partir das informações do TSE e Agregador de Pesquisas do PoderData (2022).**

A publicação dos dados de pesquisas eleitorais no Brasil foca na competição entre os candidatos, apresentando preferências e intenção de votos. O que importa é identificar quais as chances eleitorais do candidato. Em alguns casos, são apresentados dados sobre a taxa de rejeição dos candidatos, aprovação de governos e temas prioritários para os eleitores. Também são exploradas as diferenças de opiniões por renda, sexo e idade.

A divulgação periódica de pesquisas proporciona o desenvolvimento de agregadores de pesquisas, seguindo o modelo norte-americano, para melhor acompanhamento da evolução das intenções de voto. O agregador de pesquisas do PoderData 360 (https://www.poder360.com.br/banco-de-dados/) permite o acompanhamento de pesquisas para diferentes eleições para pleitos municipais, estaduais e nacional. Já o Agregador Jota (https://data.jota.info/agregador/) é um serviço para assinantes do Jornal Jota. O site Pollingdata (https://www.pollingdata.com.br/) também traz um modelo de agregação de pesquisas e, diferentemente dos outros agregadores brasileiros, busca ter informações preditivas sobre o comportamento do eleitor. A agência de notícias Pindograma (https://pindograma.shinyapps.io/agregador/) também divulga um agregador das pesquisas realizadas em 2020. O site inova na publicação de um ranking de avaliação do grau de erro dos institutos brasileiros.

Todos esses serviços ainda enfrentam fortes questionamentos quanto aos modelos estatísticos adotados na agregação de pesquisas tão diversas. No entanto, são ferramentas que ganham cada vez mais espaço por facilitarem a análise e o acompanhamento de um conjunto heterogêneo de dados e informações.

Comportamento eleitoral dos brasileiros

Seguindo a tradição de estudos sobre comportamento eleitoral nos Estados Unidos, estudiosos da ciência política e sociologia buscam ir além do que é divulgado na imprensa. Diversos estudos[26] têm sido conduzidos para determinar os fatores que influenciam as escolhas eleitorais dos brasileiros, buscando interpretar os resultados das pesquisas e construir um arcabouço teórico do comportamento eleitoral do brasileiro. Esses estudos demonstram que o eleitor não é irracional, mas que se utiliza de um complexo conjunto de informações sobre a realidade política o Brasil no processo de escolha dos candidatos.

Autores como André Singer, Alberto Carlos de Almeida e Antonio Lavareda, entre outros, explicam os fatores que influenciam a decisão do voto do brasileiro. André Singer, a partir dos dados do IBOPE e Datafolha, no seu livro *Esquerda de Direita no Eleitorado Brasileiro*, analisou como a identificação ideológica orienta as escolhas dos eleitores, independentemente de escolaridade e renda. Para Singer, para a compreensão do comportamento político brasileiro, deve-se considerar as orientações ideológicas e as diferentes posições que os setores sociais têm em relação aos temas da agenda política.

Já Alberto Carlos de Almeida, no seu famoso livro *A Cabeça do Eleitor*, busca desmitificar a suposta falta de racionalidade do eleitor brasileiro. A partir da análise de sondagens de opinião pública, Almeida identifica seis fatores presentes na lógica do eleitor brasileiro: a avaliação do governo; o grau de identificação com o candidato; o currículo do candidato

[26] CARREIRÃO, Yan de Souza. *A Decisão do Voto nas Eleições Presidenciais Brasileiras.* Rio de janeiro: Fundação Getúlio Vargas, 2002

e sua capacidade de realização; potencial de crescimento do candidato; popularidade e simpatia; continuidade e mudança do contexto eleitoral. Para Almeida, esses fatores nortearam as escolhas dos eleitores em diferentes momentos da histórica política brasileira. As análises das pesquisas eleitorais mostram, de acordo com o autor, o peso dessas variáveis e sua influência nas escolhas dos eleitores.

A partir da sua experiência na análise de pesquisas eleitorais, no livro *Emoções Ocultas e Estratégias Eleitorais*, Antonio Lavareda expõe como o eleitor brasileiro pensa e quais são seus sentimentos frente a diversos temas. Ele também explica como as pesquisas são utilizadas para construir a imagem do candidato ou para a construção de alianças. Os atributos pessoais dos candidatos (experiência, honestidade, competência, etc.), bem como a avaliação que o eleitor faz sobre o desempenho do governo, são elementos explorados na condução das pesquisas e que servem de base para a construção da comunicação do candidato. Os eventos das campanhas, os atributos dos candidatos e o contexto político são fatores que influenciam os eleitores.

Em outra frente, os centros de pesquisas nas universidades brasileiras avançam nos estudos sobre comportamento político no Brasil, especialmente com a construção de bases de dados que nos permitem entender a evolução da opinião pública. Nesse sentido, um destaque é o Estudo Eleitoral Brasileiro (ESEB), um *survey* pós-eleitoral, que, desde 2002, é conduzido pela Profa. Dra. Rachel Meneguelo, do Centro de Estudos sobre Opinião Pública (CESOP) da Unicamp. Essas iniciativas, além de comporem um acervo de dados riquíssimo sobre o comportamento político brasileiro, também contribuiram para o fomento do debate metodológico na realização de pesquisas no Brasil e no mundo.

A popularização da internet como ferramenta política nos últimos anos tem gerado forte discussão sobre a construção de uma opinião pública digital brasileira e seus efeitos nos processos eleitorais e na democracia no país. O livro de Maurício Moura e Juliano Corbellini, *A Eleição Disruptiva: por que Bolsonaro venceu,* analisa no capítulo 4[27] como a campanha de Bolsonaro utilizou as ferramentas de comunicação online, especialmente o WhatApp, para engajar seu discurso anti-política e construir uma rede de apoio entre eleitores descontentes com os anos da Era PT. O mapeamento das redes sociais de candidatos, as mensagens distribuídas pelas redes sociais e a capacidade de engajamento são objeto de análise por pesquisadores brasileiros.

De maneira geral, os avanços dos estudos acadêmicos permitem desmistificar o comportamento do eleitor brasileiro. Além disso, o avanço metodológico das pesquisas desconstrói as visões negativas e distorcidas de pesquisas eleitorais que ainda persistem em diversos setores.

---

27 MOURA, Maurício; CORBELLINI, Juliano. *A Eleição Disruptiva: por que Bolsonaro venceu.* São Paulo: Record, 2019. *E-book.*

3. Os Diferentes Tipos de Pesquisas Eleitorais

As pesquisas eleitorais utilizam-se de métodos das ciências sociais que buscam coletar informações dos indivíduos em uma sociedade. As pesquisas podem ser conduzidas por diferentes modos de entrevistas. Os entrevistados respondem pessoalmente ou por telefone, ou, ainda, preenchem um formulário de forma eletrônica. As técnicas podem ser por meio de um questionário estruturado e fechado ou por uma entrevista aberta e qualitativa.

Cada técnica tem vantagens e desvantagens, sendo que a escolha leva em conta o tempo para realização do campo, os recursos disponíveis e o objetivo da pesquisa. Entretanto, para determinar a qualidade da pesquisa e, principalmente, a acuidade e confiabilidade das informações coletadas, devemos considerar três aspectos centrais:

- qual é o tipo de amostra, ou seja, quem será entrevistado e qual o tamanho da amostra;

- como a coleta de dados será conduzida, ou seja, qual o modelo de entrevista que será adotado;
- quais as perguntas serão feitas aos entrevistados, ou seja, qual a estrutura do questionário.

Quando bem conduzidas, as pesquisas eleitorais são excelente instrumento para acompanhar as visões da sociedade sobre o quadro político.

Enquetes e pesquisas eleitorais

Uma dúvida frequente diz respeito à diferença entre enquete e pesquisas eleitorais. Muitas vezes utilizamos os termos como sinônimos. Mas enquetes e sondagens são levantamentos de opinião, sem controle amostral e sem utilização de método científico. As enquetes são levantamentos de opiniões com baixo rigor científico, em que o pesquisador não pode estabelecer explicações sobre as atitudes e visões de toda a sociedade. Os dados referem-se apenas aos grupos pesquisados, não sendo possível fazer generalizações. Por exemplo, quando uma pessoa divulga um questionário nas suas redes sociais, as respostas não têm validade estatística. A partir dos dados não podemos afirmar que toda a população é contra ou favorável ao que foi questionado. Podemos ressaltar que apenas o que o público que respondeu pensa.

As enquetes feitas por influenciadores e jornalistas no Twitter ou em blogs não são pesquisas eleitorais. Mesmo quando respondidas por milhares de pessoas, em poucas horas, elas apenas refletem a percepção daquele grupo. Não podemos interpretar os resultados como sendo a expressão da opinião pública em geral. Esse erro é muito comum e, muitas vezes, confunde as pessoas, que interpretam a informação como sendo abrangente e reflexo da totalidade das opiniões. Por que as pessoas insistem em fazer esses levantamentos? As enquetes engajam as pessoas a se posicionarem e geram tráfego nos sites e blogs, por isso são utilizadas por influenciadores. Além disso, é uma forma barata de consultar seus seguidores. Os governos utilizam as enquetes, especialmente sobre temas controversos, para medir a temperatura do debate e engajamento na sociedade.

Por exemplo, a Câmara Municipal de Curitiba (CMC), em setembro de 2020, antes de uma audiência pública sobre o tema das voltas às aulas na rede pública a cidade durante a pandemia, promoveu uma consulta aos seus seguidores. Ela questionou os internautas se eram a favor ou contrários a volta às aulas presenciais. A enquete mobilizou 6,8 mil respondentes, tendo 69% contrários ao retorno das aulas presenciais. A enquete gerou um aumento de 40% no engajamento no Instagram da Câmara Municipal de Curitiba.

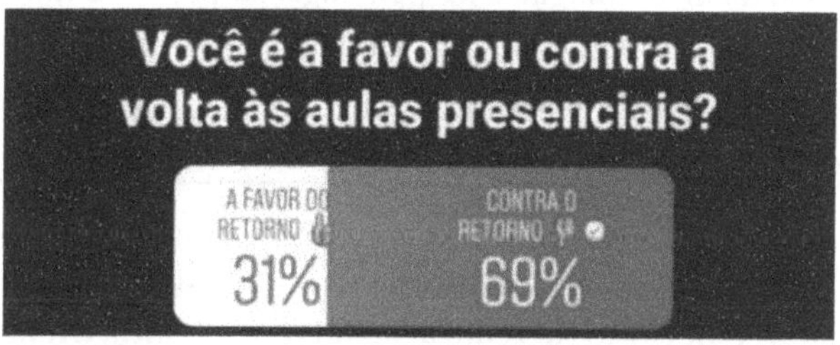

Fonte: **Câmara Municipal de Curitiba, 2020. Disponível em: https://www.curitiba.pr.leg.br/informacao/noticias/instagram-da-cmc-com-6-8-mil-votantes-69-e-contra-a-volta-as-aulas**

No entanto, essas sondagens/enquetes não podem ser confundidas com pesquisas eleitorais, que são instrumentos científicos de coleta de dados, seguindo metodologia estatística. No Brasil, em ano eleitoral, as pesquisas devem ser registradas no Tribunal Superior Eleitoral (TSE) antes da sua divulgação. Para o registro na Justiça Eleitoral, os institutos precisam informar quem as executa, qual fonte de financiamento, plano amostral e o instrumento de pesquisa. As sondagens e enquetes estão proibidas de serem divulgadas durante a campanha eleitoral.

QUADRO 4 – **Principais diferenças entre pesquisa e enquete**

Pesquisa	Enquete
Validação científica	Sem validação científica
Definição amostral	Sem definição amostral
Permite generalização dos resultados para toda a população pesquisada	Não permite generalizações, trata-se somente da visão das pessoas que responderam ao questionário
Registro da metodologia, executor, financiamento, plano amostral e questionário na Justiça Eleitoral	Divulgação proibida durante campanha eleitoral

No momento da divulgação dos resultados é obrigatório informar: o período de realização das entrevistas;, a margem de erro, o intervalo de confiança, o número de entrevistas, a empresa que realizou e quem contratou a pesquisa, além do número de registro no TSE.

Segundo o sistema de consulta do TSE, em 2018 foram registradas mais de 700 pesquisas no Brasil. Analistas políticos estimam que esse número será maior em 2022. Ainda estamos longe do número de pesquisas feitas nas eleições nos Estados Unidos: em 2020 estima-se que foram mais de 4 mil levantamentos eleitorais.

> Para saber mais sobre o registro das pesquisas no Brasil: O site PesqEle Público (https://pesqele-divulgacao.tse.jus.br/) contém o repositório de pesquisas registradas no Tribunal Eleitoral Brasileiro (TSE) desde 2012 para as eleições municipais e a partir de 2018 para as eleições gerais. Nele constam as informações da empresa executora, do estatístico responsável, financiamento do estudo e as informações metodológicas. Os resultados não são armazenados no sistema.

Nos países democráticos, é crescente a preocupação com a divulgação de informações e pesquisas falsas, ou seja, que não foram realizadas e são inventadas para manipular a opinião pública. Algumas vezes são atribuídos aos institutos tradicionais pesquisas que não foram conduzidas. Em diversos países existem relatos deste tipo de difusão de informação falsa. Nas eleições regionais no México, em 2017, a Consultoria Mitofsky divulgou um comunicado desmentindo a autenticidade de uma pesquisa que mostrava a liderança da candidata Delfina Gómez para o cargo de governadora do Estado do México[28]. No Brasil, no dia 11 de fevereiro de 2021, a CNN Brasil mostrou que circulava nas redes sociais um boato de uma pesquisa falsa atribuída ao Instituto Paraná[29].

---

[28] SDP Notícias. "Académicos difunden falsa encuesta de Mitofsky sobre elecciones en Edomex". 28 mai. 2017. Disponível em: https://www.sdpnoticias.com/local/edomex/academicos-mitofsky-encuesta-difunden-falsa.html

[29] CNN Brasil. "Boato usa pesquisa falsa para dizer que Bolsonaro lidera em todos os estados". 11 fev. 2022. Disponível em: https://www.cnnbrasil.com.br/politica/boato-usa-pesquisa-falsa-para-dizer-que-bolsonaro-lidera-em-todos-os-estados/

Vários países discutem como punir quem falsifica as informações e como coibir a divulgação desse tipo de informação. Essas práticas esbarram nas mesmas dificuldades que se observam no combate das *fake news*. Nesse caso envolve uma ação integrada entre o sistema político, sistema judiciário, institutos e veículos de mídia para identificar e comunicar rapidamente esses casos. No caso brasileiro, as empresas de checagem das informações falsas divulgam frequentemente a verificação de vídeos, mensagens de WhatsApp, Telegram e redes sociais (Facebook, Instagram, Twitter, etc.) que circulam com pesquisas não comprovadas ou enganosas.

A difusão falsa de resultados de pesquisas aumenta ainda mais o descrédito quanto ao trabalho dos institutos, sendo um esforço coletivo para deter a disseminação e projeção dessas informações na sociedade.

Pesquisa qualitativa e quantitativa

Cada tipo de pesquisa tem formato, propósito e objetivos distintos. As duas formas de pesquisa possuem naturezas distintas e papéis distintos na análise do perfil do eleitor. Não é o caso de avaliar se um tipo é melhor que o outro, pois cada pesquisa reflete estratégias e busca respostas diferentes.

Quando se pretende explorar ideias e conhecer de forma mais aprofundada as visões de um estrato da população, as pesquisas qualitativas são mais adequadas. A pesquisa qualitativa capta as tendências, os sentimentos e as percepções subjetivas do eleitorado. Por isso, tende a ter um reduzido número de entrevistados e baseia-se em uma informação subjetiva. Já as pesquisas quantitativas permitem generalizações e compreensão da evolução das opiniões ao longo do tempo, com menor custo, através de aplicação de questionário padronizado para muitas pessoas.

A pesquisa qualitativa permite uma análise mais multidimensional e reflexiva do que as técnicas quantitativas, que apresentam padronização dos instrumentos de coleta. Já a pesquisa quantitativa busca mensurar a opinião de um grande número de pessoas, por meio de técnicas estatísticas.

Uma pesquisa qualitativa não indicará a proporção apoio a uma política pública ou expressará o grau de satisfação com o governo. As pesquisas quantitativas, por outro lado, terão seus resultados expressos em termos estatísticos e com as proporções.

Os levantamentos qualitativos – baseados na psicologia social, sociologia e antropologia – favorecem a identificação de padrões cognitivos, crenças inconscientes e percepções da realidade. Possui uma abordagem holística e multidimensional. Por meio de entrevistas abertas e em profundidade, apresentam abordagem subjetiva e multidimensional. As pesquisas quantitativas envolvem entrevistas estruturadas, com questões fechadas e objetivas.

Os pesquisadores utilizam as pesquisas qualitativas quando investigam fenômenos e questões de forma indutiva, bem como para explorar a natureza da percepção dos respondentes sobre suas opiniões. Ao explorar de forma subjetiva os temas, as entrevistas qualitativas encorajam os participantes a exporem suas reações, percepções e ideias de forma livre.

Os publicitários utilizam as pesquisas qualitativas para testar ideias para as campanhas eleitorais, como descrito por

Duda Mendonça no seu livro *Casos & Coisas*. Elas podem ser realizadas em grupos de discussão (*focus group*) ou por entrevistas em profundidade.

Os grupos de discussão estimulam a participação ativa das pessoas, que, com a condução de um moderador, interagem e conversam sobre diversos temas. Cada grupo tem entre 8 e 12 participantes, selecionados a partir de critérios sociodemográficos. Diferentemente das entrevistas em profundidade, os grupos focais estimulam a interação entre os participantes. Os argumentos de um indivíduo provocam o outro, e essas trocas contribuem para a compreensão das visões do grupo.

A intenção dos grupos de discussão é subsidiar com informações as campanhas. Dessa forma, lida com um número muito limitado de entrevistas. No entanto, Alexandre de Correa Lima[30] aponta para os riscos de selecionar pessoas de diferentes níveis de escolaridade em um grupo de discussão. Para ele, as pessoas podem ficar constrangidas e não se posicionarem em ambientes que são vistos como hostis. Os grupos puros, ou seja, representantes de uma mesma classe social ou ideológica, ajudam a compreender a estrutura do sistema de crença daquele grupo.

A desvantagem da pesquisa qualitativa é que, por ter dados não estruturados, as análises dependem da experiência do pesquisador e de sua capacidade de compilação das informações. As interpretações analíticas são variadas, porém a riqueza do material pode se perder em considerações superficiais que fogem do objeto do estudo.

---

[30] LIMA, Alexandre Correa. *Pesquisas de Opinião Pública: teoria, prática e estudos de caso.* São Paulo: Novatec Editora, 2017.

Em geral, as pesquisas divulgadas na imprensa são de natureza quantitativa, ou seja, que usam método amostral e estatístico. As manchetes dos jornais indicam a porcentagem de intenção de voto aos candidatos. As reportagens enfatizam a evolução da opinião entre uma pesquisa e outra, analisam a porcentagem apoio entre eleitores evangélicos e católicos, a posição de cada candidato nas distintas regiões do país, a distribuição de intenção de votos entre faixas de renda e escolaridade, etc. Com método de inferência estatística, podemos afirmar a porcentagem (%) dos eleitores brasileiros da faixa de renda até 5 salários mínimos, moradores do nordeste e católicos que votarão no candidato A, por exemplo.

As sondagens quantitativas permitem a aplicação de um mesmo questionário padronizado para muitas pessoas, garantindo a capacidade da análise comparativa das respostas. Além disso, isso torna mais ágil sua aplicação e amplitude. Como veremos nas próximas seções, diversos fatores podem afetar a qualidade e confiabilidade dos dados. Por isso, as pesquisas quantitativas exigem um processo cuidadoso de preparação e condução, para que seus resultados sejam validados cientificamente.

Quadro 5 – **Pesquisa qualitativa versus quantitativa**

Pesquisas Quantitativas	Pesquisas Qualitativas
Muitas entrevistas (centenas, milhares)	Poucas entrevistas (em geral, dezenas)
Uso de questionário estruturado e formal	Uso de roteiro semiestruturado
Análises objetivas baseada em inferência estatística	Análise subjetiva baseada nos discursos e percepções
Maior precisão, mas pouca profundidade	Menor precisão, mas maior profundidade
Inferir os resultados para a população com um todo	Compreensão detalhada do grupo analisado
Melhor para quantificar	Melhor para entender e explicar
Vale aquilo que os entrevistados objetivamente respondem	Vale uma análise textual do que o entrevistado diz, mas também o que ele insinua, sugere e como interage com outros

Fonte: **LIMA, Alexandre Correa. *Pesquisas de Opinião Pública: teoria, prática e estudos de caso*. São Paulo: Novatec Editora, 2017.**

Algumas técnicas e estratégias são utilizadas por institutos e pesquisadores nas sondagens eleitorais. Por encomenda dos partidos e candidatos, os institutos acompanham sistematicamente a evolução do eleitorado. Essa técnica é denominada *tracking*. A partir de amostragens diárias, monitoram-se as oscilações de preferências dos candidatos ou os temas centrais no debate político. Outro tipo de pesquisa quantitativa é por meio da condução de painéis em que as mesmas pessoas são entrevistas em diversos momentos.

As técnicas de painéis e *tracking* captam tendências e alterações nas disputas, especialmente aquelas em ambientes incertos ou de forte disputa entre os candidatos. As campanhas mensuram, por exemplo, o quanto uma denúncia de corrupção afeta as intenções de voto. Esse instrumento também detecta fatores que levam à migração de preferências entre os eleitores. Normalmente, essas pesquisas não são divulgadas para o público, mas servem para a construção da viabilidade de uma candidatura ou para estratégias eleitorais.

Pesquisas pré-eleitorais e de boca de urna

As pesquisas eleitorais, além das diferentes metodologias, também podem ser classificadas em pré-eletorais, que captam as percepções e opiniões dos eleitores durante a campanha, e as de boca de urna, que têm como objetivo prever o resultado da eleição.

As pesquisas de boca de urna são realizadas com eleitores que saem dos locais de votação após terem votado. No dia da eleição são sorteados locais de votação, onde, considerando uma amostra pré-determinada e sistemática, os eleitores são abordados. Para proteger a privacidade do eleitor e a confidencialidade das respostas, o eleitor preenche um questionário que é depositado em uma urna de pesquisa. As entrevistas também podem ser conduzidas por telefone, seguindo o princípio de serem realizadas após a votação.

As perguntas são feitas para mensurar e predizer o resultado da eleição. É questionado em quem o eleitor votou para o cargo em disputa. Também podem ser feitas perguntas para entender a motivação de sua escolha, filiação ideológica e partidária. Os dados demográficos (gênero, idade, renda, escolaridade) também compõem o questionário.

Em vários países existem regras de divulgação de pesquisas no dia da votação para evitar que os resultados influenciem a decisão daqueles que ainda não votaram. No Brasil, as pesquisas de boca de urna só podem ser divulgadas após encerrada a votação.

As pesquisas de boca de urna são largamente divulgadas na imprensa e ajudam a compreender as mudanças durante a campanha. Diferentemente das pesquisas pré-eleitorais, elas permitem que se entenda a mudança dos eleitores nos últimos dias de campanha.

As pesquisas eleitorais (pré ou de boca de urna) são feitas a partir de modelos estatísticos e, por isso, devem ser avaliadas e lidas com base parâmetros e critérios a partir dos quais foram definidas.

4. Por que Nunca Sou Entrevistado? Amostra e suas Definições

É bastante comum a pergunta "por que nunca fui entrevistado por um instituto de pesquisa?". A resposta é que as pesquisas se valem de um número reduzido de entrevistados, selecionados de acordo com critérios e modelos estatísticos. Esse processo chama-se amostra.

Por definição, amostra significa que somente uma parte da população será entrevistada[31]. O princípio é que não precisamos falar com toda a população de um país para saber, com precisão, suas opiniões e visões políticas. Esse princípio também está presente nas nossas escolhas pessoais. Não precisamos experimentar toda comida para sabermos se está com a dosagem adequada de sal. Apenas precisamos experimentar uma pequena parcela. Posso opinar sobre a qualidade de um restaurante apenas experimentando alguns dos seus pratos, por exemplo. No senso comum entendemos

[31] Quando se entrevista toda a população, tem-se uma pesquisa censitária.

que nossas escolhas são feitas a partir de critérios e seleção de uma pequena parcela dentro de um todo.

Para investigarmos as visões de uma sociedade também seguimos a mesma lógica, ou seja, temos que fazer escolhas e determinar quem será entrevistado. Diferentemente das nossas escolhas diárias, em uma pesquisa os entrevistados devem ter características que representem a sociedade como um todo. Então, a amostra tem que ser o mais representativa possível da população. Os atributos centrais da população devem estar presentes na amostra. Esses atributos podem ser aspectos demográficos, como idade, raça, religião ou escolaridade.

Dessa forma, "população" é o universo total da pesquisa. Pode ser amplo, como os eleitores brasileiros, ou mais restrito, como, por exemplo, os manifestantes das passeatas pró-impeachment em 2016. A amostra é a seleção de pessoas que serão entrevistadas dentro da população.

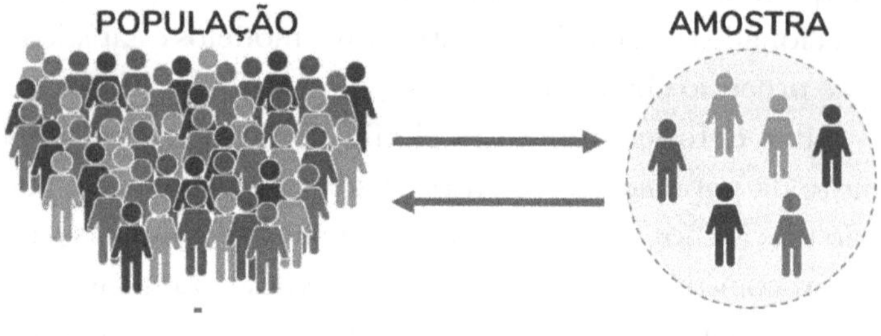

Outro questionamento usual é: como 2 mil entrevistas representam a visão de 147 milhões de eleitores? Por mais incrível que possa parecer, com o avanço das técnicas estatísticas, é possível obter resultados confiáveis com apenas 2 mil entrevistas. Mas deixamos de fora 145 milhões de eleitores, como isso é possível?

Estatisticamente, a partir de um determinado número de entrevistas, os fenômenos mensurados tendem a se repetir, por isso grandes amostras não produzem variações significativas nos resultados. A condução de milhões de entrevistas sem critérios de representatividade pode obter resultados enviesados. O tamanho da amostra é importante, mas os critérios para sua definição é que garantirão a confiabilidade dos resultados.

Por isso os pesquisadores identificam as características populacionais. É analisada a distribuição etária, de gênero, raça, renda, escolaridade, etc. em uma população. E, por meio de métodos estatísticos, os entrevistados são selecionados de forma proporcional ao tamanho de cada segmento.

Se a pesquisa somente entrevistar pessoas de uma classe econômica ou religião, os resultados serão imprecisos. O plano amostral deve garantir que todas as subcategorias tenham sua representação mais próxima possível da realidade. Se a população for composta por 51% de pessoas do gênero feminino e 49% do masculino, em uma a amostra de 1000 entrevistas teremos, aproximadamente, 510 mulheres e 490 homens.

EXEMPLO: **Perfil de amostra – 2000 eleitores (acima de 16 anos) entrevistados nacionalmente**

SEXO	
Feminino	53%
Masculino	47%
ESCOLARIDADE	
16 a 24 anos	13%
25 a 34 anos	20%
35 a 44 anos	21%
45 a 59 anos	25%
60 anos ou mais	20%
RENDA	
Até 2 SM	33%
Mais de 2 SM a 5 SM	43%
Mais de 5 SM	23%
REGIÃO	
Sudeste	44%
Nordeste	27%
Norte	14%
Centro-Oeste	8%
Sul	8%

Fonte: **Pesquisa Genial/Queast, 2022.**

Amostras probabilísticas e não probabilísticas

Para entender melhor a amostra, temos que considerar que os entrevistados podem ser selecionados por métodos probabilísticos ou não probabilísticos. Na amostragem probabilística, os indivíduos são escolhidos de forma aleatória, ou seja, qualquer um tem a chance de ser sorteado para a entrevista.

A seguir apresentaremos as principais diferenças entre os tipos de amostragem.

Amostra aleatória simples

Na amostragem aleatória simples, todos em uma população terão a chance de serem selecionados. O sorteio aleatório implica a disponibilidade de uma lista atualizada com as informações de todo o universo a ser pesquisado. Assim, teríamos, por exemplo, a partir da lista de todos os inscritos para a eleição seria feito o sorteio aleatório dos entrevistados. A representatividade é obtida pelas leis da probabilidade, ou seja, a seleção dentro do universo da pesquisa terá a probabilidade de representar a população.

A vantagem da amostra aleatória é que requer um conhecimento mínimo da população, além de ser simples de se calcular. No entanto, elas apresentam algumas desvantagens em sua execução e não garantem a inclusão de minorias quando a população é muito grande.

O tamanho da amostra é importante para que todos os elementos da população possam ter a chance de serem representados. De acordo com os princípios da estatística, se uma população tiver mais de 10 mil casos e a amostra conter, pelo menos, 10% deles, a amostra tem probabilidade aceitável de ser representativa[32].

Mesmo que tenhamos essa lista para realizar o sorteio, a dispersão e dificuldades de localização dos entrevistados tornam os custos muito altos para campos presenciais. Se uma pessoa que vive em uma área de difícil acesso no interior for

[32] RICHARDSON, Roberto J. et all. *Pesquisa Social: métodos e técnicas.* 3. ed. São Paulo: Atlas, 1999.

sorteada, é preciso enviar um entrevistador até o local para realizar a entrevista. Em uma pesquisa em que participei tínhamos alguns casos como esse, o que implicava em dois ou três dias para localizar alguns dos entrevistados. Além disso, quando um indivíduo sorteado não é localizado, para não prejudicar a aleatoriedade, é preciso insistir até que se localize o indivíduo, o que pode levar tempo e comprometer a pesquisa.

Amostra estratificada e conglomerado

No Brasil, pela sua dimensão geográfica, a aleatoriedade simples pode provocar uma dispersão das entrevistas em muitos municípios ou a concentração em alguns lugares, o que impacta a representatividade da amostra. Por essa dificuldade de se fazer um sorteio aleatório simples, muitos institutos utilizam a amostra estratificada ou por conglomerado.

Na amostra estratificada, divide-se a população em estratos (sexo, faixa etária ou renda), depois atribuem-se pesos e faz-se o sorteio aleatório dentro de cada estrato. Além de garantir a representatividade de cada estrato, é importante ter informações prévias dos entrevistados para realizar o sorteio. As amostras estratificadas e aleatórias apresentam desafios semelhantes para sua execução: é necessário ter uma lista com as informações da população para realizar o sorteio aleatório.

A amostra por conglomerado resolve o problema do sorteio, pois o grupo é a base da seleção, e não indivíduo. O primeiro passo é a seleção dos municípios em que serão realizadas as entrevistas por meio do método PPT (probabilidade proporcional ao tamanho). O método PPT utiliza como base a população apta a votar em cada município. Após esta etapa, são listados os setores censitários (menor unidade geográfica disponibilizada pelo censo do IBGE) com base no método PPT, em função da densidade populacional. Para cada município é sorteado um número de setores censitários. Na fase seguinte são listados os domicílios e, por fim, sorteia-se o número de domicílios a serem entrevistados. O entrevistador seguirá as cotas para a seleção dos entrevistados. Ele terá que seguir as características demográficas pré-definidas.

Dessa forma, o processo de amostra por conglomerado apresenta as seguintes etapas:

1 – Seleção dos munícipios com base no método PPT, considerando o tamanho da população acima de 16 anos;
2 – Definição dos setores censitários pelo método PPT a partir do tamanho do setor;
3 – Definição do número de entrevistas por critérios (sexo, idade, escolaridade);
4 – Seleção dos entrevistados de acordo com os critérios das cotas.

Em uma pesquisa nacional em 200 municípios, de acordo com o método PPT, quanto mais populoso o município, maior a chance de ser sorteado. Selecionados os 200 municípios, são sorteados os setores censitários. O número de setores censitários será proporcional ao tamanho. Depois, no caso de entrevistas presenciais, é definido o número de domicílios em cada setor censitário. Os entrevistados serão selecionados a partir das cotas demográficas.

Ao contrário das amostras aleatórias e estratificadas, esse método não requer informações antecipadas dos entrevistados para a realização do sorteio. Ele se baseia na localização geográfica e a densidade populacional que estão disponíveis para a realização do sorteio.

Amostra por cotas

Uma outra forma popular de construção de amostra no Brasil é pelo método não probabilístico. Nesse método a escolha é feita de forma intencional ou por cotas, ou seja, os indivíduos são selecionados pelas características em cada subgrupo identificado, garantindo a proporção representativa em relação à população. Muitos institutos utilizam a amostragem por cotas, pois ela garante a representação da população, e sua aplicação tende a ser mais rápida.

Na amostragem por cotas, por exemplo, inicialmente são definidas as características relevantes para o estudo (sexo, idade, escolaridade, renda e região). Depois, os locais onde serão realizadas as entrevistas. Então, cada entrevistador, a partir das características definidas, seleciona os entrevistados. Por exemplo, o entrevistador terá que selecionar, a partir da sua cota, um homem entre 18 e 24 anos, com baixa escolaridade e da região rural. Em geral, considera-se a estratificação por sexo, faixa etária, escolaridade ou domicílio eleitoral.

Um cuidado que se deve ter com a amostra por cotas é evitar o viés do entrevistador quando o método é presencial. O entrevistador, ao cumprir sua cota, pode entrevistar apenas um perfil de pessoas. Por exemplo, renda é uma variável preditiva do comportamento, ou seja, pessoas de maior renda votam por critérios diferentes daqueles com menor renda. Caso o entrevistador, ao cumprir sua cota, não leve em conta o perfil de renda, a pesquisa não representará adequadamente todos os estratos econômicos. O resultado ficará comprometido, como no caso das eleições norte-americanas de 2016 que descrevemos anteriormente.

Os críticos também questionam o quanto a margem de erro e o intervalo de confiança, calculado a partir dos princípios das amostras probabilística, de fato estão presentes em uma pesquisa com amostra baseada em cotas[33]? Os defensores argumentam que os critérios de confiabilidade são garantidos no cálculo das cotas. Além disso, eles argumentam que vieses e erros também podem ocorrer nas amostras probabilísticas.

Independentemente do método amostral, essa é uma etapa crucial para que tenhamos informações fidedignas e acuradas. Por outro lado, é importante considerar o erro amostral.

Margem de erro e intervalo de confiança

A cada rodada de pesquisas nos acostumamos com alguns jargões. Um deles é a margem de erro. Uma frase comum no noticiário político é dizer que um candidato oscilou para baixo ou para cima dentro da margem de erro. É sempre visto pelo público como uma forma de os institutos esconderem os erros de prognóstico.

---

[33] MEIRELLES, Fernando. "Estimativas na margem de erros no Brasil". *Valor Econômico*, 24 abr. 2022. Disponível em: https://valor.globo.com/politica/coluna/estimativas-de-margem-de-erro-no-brasil.ghtml

De forma técnica, a margem de erro estima a variação dos resultados para cima ou para baixo em relação aos parâmetros reais da população estudada. O intervalo de confiança significa que, ao realizar outras pesquisas, seguindo a mesma metodologia, elas poderão ter um resultado fora da margem de erro. Podemos dizer que, se realizamos cem sondagens, aceitamos a probabilidade de o resultado estar acima do erro projetado.

Se uma pesquisa tem margem de erro de 3% e intervalo de confiança de 95%, isso significa que os índices apresentados podem variar 3% para cima ou para baixo (um índice de 35% pode ser, na realidade, 32% ou 38%) e que há 95% de chance de a variação estar nesse intervalo de mais ou menos 3 pontos.

Os índices de margem de erro e intervalo de confiança variam de acordo com o tamanho da amostra. Quanto menor a amostra, maior será o erro amostral. Para definir o tamanho da amostra é preciso conhecer o tamanho da população, o grau de precisão desejado na pesquisa e, assim, mensurar o erro amostral.

O quadro 6 apresenta uma estimativa considerando um intervalo de confiança de 95%, o tamanho da amostra e o erro amostral proporcional. Assim, para uma população de 3 mil pessoas, intervalo de confiança de 95% e margem de erro 3%, estima-se que sejam necessárias 1.364 entrevistas. Já se tivermos uma população acima de 100 mil, intervalo de confiança de 95% e margem de erro de 3%, a estimativa é de 2.500 entrevistas.

QUADRO 6 – **Estimativa tamanho da amostra**

Margem de erro desejada				
População	1%	3%	5%	10%
< 1.000			222	83
1.000			286	91
3.000		1.364	353	97
4.000		1.538	364	98
5.000		1.667	370	98
7.000		1.842	378	99
10.000	5.000	2.000	383	100
20.000	6.667	2.222	392	100
50.000	8.333	2.381	397	100
100.000	9.091	2.439	398	100
> 100.000	10.000	2.500	400	100

Fonte: **Boxopinion.com Disponível em: https://www.opinionbox.com/central-de-ajuda/tamanho-da-amostra/**

No Brasil, todas as pesquisas veiculadas na impressa devem apresentar os seguintes critérios metodológicos: o número de entrevistas realizadas, forma de entrevista, os critérios de sorteio dos entrevistados, a margem de erro e o intervalo de confiança.

O intervalo de confiança e a margem de erro são indicações conceituais de que há uma chance de as informações coletadas não representarem a realidade. Por ser uma questão bastante técnica e não intuitiva, são conceitos que geram dúvidas e desconfianças no público.

Uma pesquisa hipotética de intenção de voto, com amostra de 1.500 entrevistados, margem de erro de 3% e intervalo de confiança de 95%, apresenta o seguinte resultado:

Candidatos	Intenção de votos para governador
Candidato A	30%
Candidato B	25%
Candidato C	10%
Candidato D	5%
Nulo/Branco	7%
Não respondeu	3%

Exemplo de resultado hipotético de uma pesquisa.

Considerando o erro amostral pressupõe que é possível que ocorra uma variação no resultado de 3% para cima ou para baixo na intenção de voto em cada candidato. Assim, se a eleição acontecer hoje, o resultado eleitoral poder ser 33% ou 27% para o candidato A. Já para o candidato B, a variação fica entre 28% e 23%.

A análise indica também que, dentro da margem de erro, cresce a aproximação entre os dois primeiros candidatos. Isso faz com que qualquer variação poderá aproximar ou distanciar os candidatos.

Em um processo eleitoral, é normal a variação dos resultados de diferentes pesquisas, por terem metodologias e critérios amostrais distintos. No entanto, quando os resultados são muito discrepantes entre os institutos, outros fatores além da margem de erro devem ser considerados. De maneira geral, para minimizar erros, é fundamental que a amostra tenha representatividade.

Para além do erro amostral: debate sobre erro nas pesquisas

Quanto mais pesquisas são divulgadas, mais se questionam os critérios metodológicos. Em 2018, circulou em grupos de WhatsApp um texto crítico à metodologia utilizada pelo Datafolha. O texto foi assinado por um estatístico ligado a um banco de investimento. Ele argumentava que a metodologia das pesquisas no Brasil eram tendenciosas e distorciam as informações. Uma reportagem da *Folha de São Paulo*, publicada em 19 de setembro de 2018[34], explicava as suposições feitas pelo autor, que se pautava em informações incorretas. Na reportagem, o Datafolha explica os critérios e as categorias que compõem a amostra das suas pesquisas a partir dos dados oficiais do IBGE e do TSE.

O debate sobre erros amostrais não está restrito ao Brasil. Nos Estados Unidos, após a eleição de 2016, os grandes institutos foram questionados pelos erros das projeções, e a American Association for Public Opinion Research (AAPOR)[35] elaborou, com a contribuição de um painel de especialistas, um relatório avaliando as metodologias utilizadas pelos institutos de pesquisa. O estudo constatou que muitas amostras tinham uma alta representação de pessoas com educação de nível superior.

Nos Estados Unidos, a escolaridade tem alta correlação com a escolha eleitoral. Os eleitores com alta escolaridade

---

[34] FOLHA DE SÃO PAULO. "Corrente que circula entre investidores questiona metodologia adotada por pesquisas eleitorais". 19 set. 2018. Disponível em: https://www1.folha.uol.com.br/poder/2018/09/corrente-que-circula-entre-investidores-questiona-metodologia-adotada-por-pesquisas-eleitorais.shtml

[35] AMERICAN ASSOCIATION FOR PUBLIC OPINION RESEARCH (AAPOR). *Report An Evaluation of 2016 Election Polls in the U.S*, s/d. Disponível em: https://www.aapor.org/Education-Resources/Reports/An-Evaluation-of-2016-Election-Polls-in-the-U-S.aspx

tendiam a votar em Hillary Clinton, enquanto eleitores que concluíram apenas o ensino médio tendiam a votar em Donald Trump. Além de estar associada à preferência partidária, a escolaridade tem correlação com a predisposição em responder pesquisas de opinião. Assim, quanto maior a escolaridade, maior a predisposição em participar de pesquisas.

A AAPOR verificou que muitos institutos não fizeram ajustes no peso dos eleitores com ensino superior. Consequentemente, os resultados sobre-estimaram a candidatura de Hillary Clinton e subestimaram o apoio a Donald Trump em estados decisivos para a conquista no colégio eleitoral. No final da eleição, Hillary teve uma votação expressiva de votos populares, mas não obteve o número de delegados suficientes no colégio eleitoral.

Na eleição norte-americana de 2020, os institutos ajustaram as suas metodologias para evitar as distorções. O nível de acerto dos institutos foi melhor que em 2016, mas ainda 20% não identificaram o vencedor 21 dias antes da eleição. Os dados também mostram que as pesquisas sobre-representaram os eleitores democratas em relação aos republicanos[36]. A análise das pesquisas indicara que os eleitores sem ensino superior foram sub-representados em estados como Pensilvânia. Esses eleitores compõem a base de apoio a Trump.

Os resultados abalaram a credibilidade dos institutos norte-americanos e geraram o questionamento, especialmente entre os republicanos, a respeito da manipulação das pesquisas contra o Partido Republicano. Como aponta

---

[36] SILVER, Nate. "The death of polling is greatly exaggerated", 25 mai. 2021. Disponível em: https://fivethirtyeight.com/features/the-death-of-polling-is-greatly-exaggerated/

Nate Silver, esses debates não indicam o fim das empresas de pesquisa nos Estados Unidos, mas leva à reflexão quanto à necessidade de um esforço de melhoria contínua dos instrumentos de pesquisa.

É importante ressaltar que as pesquisas não são infalíveis e que podem conter erros. Os erros de uma pesquisa podem ser[37]:

- amostrais, ou seja, nos critérios de seleção dos entrevistados. Com os avanços das técnicas de seleção amostral, esses erros tendem a diminuir;
- erro de cobertura, quando a proporção de um subgrupo amostral não é representada. Por exemplo, pesquisas que sub-representam pessoas de uma determinada religião;
- não respostas, quando não há a cooperação dos entrevistados para atender os entrevistadores. O entrevistado por se recusar, por exemplo, a responder sobre sua renda ou sua posição socioeconômica;
- desenho do questionário e condução das entrevistas, ou seja, a forma como as perguntas são redigidas e a sequência podem induzir os entrevistados a erros. Ainda, a condução dos entrevistadores também pode criar vieses nas respostas.

No caso brasileiro, as desconfianças e a avaliação das diferenças entre os resultados das pesquisas e das urnas ressurgem ao final de cada eleição. De acordo com a análise

[37] WEISBERG, Herbert F. "The methodological strengths and weaknesses of survey research". *The SAGE Handbook of Public Opinion Research.* 2008. pp. 223-231.

de Daniel Ferreira, da agência Pindograma[38], os institutos brasileiros tiveram erro médio de 3,7 pontos nas eleições municipais de 2012, e de 3,5 em 2016, aumentando para 4,9 pontos em 2020. Para explicar esse aumento no erro em 2020, o autor sugere algumas hipóteses que vão desde a não resposta de eleitores de perfil mais conservador; a alta abstenção eleitoral; a desatualização dos dados censitários que afetam o desenho amostral e seleção dos entrevistados; e a maior demora do eleitor no processo de decisão do voto.

Ainda temos poucos estudos no Brasil sobre os fatores que afetam os erros das pesquisas eleitorais e sobre como evitá-los para garantir a confiabilidade dos resultados. No entanto, com a disseminação das pesquisas e seus impactos para a tomada de decisão, aumenta a pressão para que tenhamos a ampliação desse debate.

---

[38] FERREIRA, Daniel. "5 teorias que explicam o erro das pesquisas em 2020". 11 dez. 2020. Disponível em: https://pindograma.com.br/2020/12/11/pesquisas-analise.html

5. O Momento da Entrevista e o que é Perguntado

Pouco se fala do método de coleta, ou seja, como as entrevistas são realizadas. A forma de realização das pesquisas pode também influenciar a qualidade do dado. A coleta pode ser por meio telefônico, pessoal (face-to-face) e autopreenchimento online.

Entrevistas pessoais são importantes para estabelecer conexão, pois o entrevistador aborda diretamente o entrevistado em seu domicílio ou em lugares de grande fluxo de pessoas. Elas permitem a aplicação de questionários mais longos, porém o trabalho de campo é mais custoso, demorado e exige grande logística na contração de entrevistadores. Nas grandes cidades, a violência e o medo criam empecilhos para a aplicação de questionários em alguns lugares. Além disso, tem-se observado um aumento na rejeição a esse tipo de abordagem.

Até os anos 1980, os *surveys* nos Estados Unidos e Europa eram conduzidos por entrevistas pessoais, e paulatinamente passaram a ser substituídos por contatos telefônicos. Hoje a grande maioria das sondagens são realizadas por entrevistas telefônicas ou online. No Brasil, as entrevistas por telefone ganham espaço e paulatinamente substituem o modelo domiciliar.

Os sistemas de entrevistas telefônicas são:

a) CAPI (Computer-assisted Personal Interviewing) – utilizado desde os anos 1970 nos Estados Unidos e Europa. As ligações são conduzidas por entrevistadores, que registram as respostas diretamente em um questionário eletrônico. O modelo agiliza o processo de entrada de dados e codificação, além de manter a conexão entre entrevistador e entrevistado, que é uma vantagem da entrevista pessoal.

b) IVR (Interactive Voice Response) – a ligação é conduzida por um assistente eletrônico, que apresenta o enunciado e as opções para o entrevistado responder em seu telefone. Não há a presença de um entrevistador conduzindo a entrevista, e a pessoa entrevistada responde sozinha.

No Brasil, o Instituto PoderData, por exemplo, utiliza a IVR nos seus estudos e defende a precisão dessa técnica frente à entrevista pessoal. O argumento favorável a essa prática é que, em um ambiente polarizado como o cenário brasileiro, o entrevistado sente-se mais à vontade para expressar sua opinião[39]. A universalização do uso do telefone celular no Brasil tornou mais ágil o processo de seleção dos

---

[39] PINTO, Rodolfo Costa. "Pesquisa por telefone teve maior taxa de acerto nos EUA na eleição de Trump". *Poder360*, 17 jun. 2018. Disponível em: https://www.poder360.com.br/opiniao/pesquisa-por-telefone-teve-maior-taxa-de-acerto-nos-eua-na-eleicao-de-trump/

entrevistados de diferentes regiões do país, garantindo a representatividade geográfica e socioeconômica.

Para a realização das pesquisas telefônicas, são utilizados os números cadastrados nas operadoras no país. No caso do Brasil, são utilizados os cadastros da Agência Nacional de Telecomunicações (ANATEL) ou listagens telefônicas. Números inativos e falta de atualização dos dados são alguns fatores que podem afetar a pesquisa telefônica.

A partir do número do DDD (Discagem Direta à Distância), é possível obter amostras representativas em âmbito estadual e nacional, porém isso é mais difícil no âmbito municipal.

Apesar das desconfianças, as pesquisas telefônicas no Brasil ganham espaço junto aos institutos de pesquisa no Brasil, como podemos notar no quadro 7.

QUADRO 7 – **Tipos de entrevistas conduzidos pelos institutos de pesquisa no Brasil (2021/2022)**

Instituto	Tipos de entrevista
Atlas Político	Online (painel)
Datafolha	Presencial (Fluxo)
DataPoder	Telefônica (IVR)
Ideia Big Data	Telefônica (CATI)
IPEC	Presencial Domiciliar
Ipespe	Telefônica (CATI)
Ipsos	Telefônica (CATI)/Presencial (Domiciliar)
MDA	Presencial (Domiciliar)
Paraná Pesquisas	Presencial (Domiciliar)
Quaest	Presencial (Domiciliar)/Online (Painel)
Vox Populi	Telefônica (CATI)

Fonte: **Polling Data, 2022. Disponível em https://www.pollingdata.com.br/**

As entrevistas telefônicas não permitem a utilização de cartões ou imagens que contribuem para o entendimento e memorização, especialmente para eleitores com menor escolaridade. Os entrevistados tendem a escolher as últimas opções por não terem sido capazes de reter na memória as informações anteriores. Por isso, nesse formato, os questionários precisam ser curtos e com enunciados sucintos.

Em razão da aversão ao telemarketing, cresce a quantidade de pessoas que bloqueia números não identificados. No caso dos Estados Unidos, nota-se um declínio da taxa de não atendimento às ligações telefônica. No entanto, esse declínio ainda não afeta a qualidade das pesquisas. Porém, é um sinal de alerta para os institutos.

As pesquisas online ganham projeção em muitos países. Os analistas mais otimistas avaliam que a tendência é que esse instrumento se torne preponderante nos próximos anos. São vários os argumentos favoráveis. Por exemplo, os questionários são de autopreenchimento e em alguns modelos utilizam-se entrevistadores reais, o que as aproxima das pesquisas telefônicas ou presenciais. Outra vantagem é a rapidez na coleta e no processamento dos dados, reduzindo os custos. Além disso, permitem a utilização de diversos estímulos, como texto, foto, vídeo, etc.

As pesquisas online apresentam diferentes formas de recrutamento dos entrevistados:

Painéis online – as pessoas se cadastram e aceitam participar de pesquisas ao longo do tempo. Os participantes são convidados por e-mail para responderem à pesquisa. A amostra é definida a partir de características demográficas. As informações são mantidas em um banco de dados, e os entrevistados podem ser contactados ao longo do tempo.

Amostragem do rio – os entrevistados são convidados a participar da pesquisa por meio de anúncios online.

É feita uma triagem antes da aplicação do questionário. É uma amostra por conveniência, pois, muitas vezes, os anúncios são expostos em vários lugares sem haja preocupação com o tipo de amostra, buscando uma alta quantidade de respostas, com um baixo custo. Muito se argumenta que esse método se compara ao formato de entrevistas presenciais por fluxo. No momento da triagem, é possível controlar os critérios amostrais.

Listagem de e-mail – envio de questionário para e-mails cadastrados em bases de dados.

As taxas de respostas nas entrevistas online são muito menores do que em outros modelos de entrevistas. As taxas de respostas em *surveys* online são, tipicamente, 15% menores que outros modelos. Enquanto as entrevistas pessoais possuem taxa de resposta de 45%, os levantamentos online apresentam, em média, 30% de resposta[40].

Nas pesquisas online, os entrevistados da amostragem desistem até quatro vezes mais frequentemente do que os entrevistados em painéis online. Também são mais propensos a, sem pensar, responder a mesma opção para cada pergunta[41].

A grande restrição envolve a representatividade da amostra. Apesar do grande avanço na abrangência da internet no Brasil, ainda ela não é homogênea. Além disso, os mecanismos de sorteio da amostra são limitados e não refletem integralmente as características da população. Os críticos questionam a legitimidade de quem realmente responde o questionário. Estudos expõem que o nível de atenção em questionários online é menor que em uma entrevista por

---

[40] NIX, Justin et al. "Police research, officer surveys, and response rates". *Policing and Society*, v. 29, n. 5, pp. 530-550, 2019.

[41] PROSSER, C.; MELLON, J. "The Twilight of the Polls? A Review of Trends in Polling Accuracy and the Causes of Polling Misses". *Government and Opposition*, 53(4), pp. 757-790, 2018.

telefone. A diminuição da atenção e a motivação podem interferir no resultado.

A ampliação da tecnologia diminui alguns desses desafios, mas são muitos os exemplos em que consultas online foram distorcidas após a divulgação do link da pesquisa com o estímulo da resposta. Nesses casos, a pesquisa se torna uma eleição prévia (*straw poll*), os aliados de cada candidato se mobilizam e distorcem os resultados. Para evitar situações que distorçam o levantamento, os institutos utilizam listas de e-mails, e as mensagens são enviadas para os entrevistados, com código de acesso ao questionário. Por questões de segurança, as mensagens são bloqueadas ou encaminhadas para a caixa de *spam*.

Uma tendência já observada em alguns países é a combinação de estratégias de coleta de dados, por telefone e online. A estratégia multidimensional amplia o índice de resposta e garante a qualidade do levantamento dos dados.

QUADRO 8 – **Vantagens e desvantagens por tipo de entrevista**

	Presencial	**Telefônica**	**Online**
Vantagens	Questionários mais longos e explicativos Estímulo à nãoresposta	Rapidez e agilidade Sistema IVR limita o efeito envergonhado	Rapidez e baixo custo Questionários que utilizam diferentes mídias
Desvantagens	Alto custo e tempo Dificuldade de resposta de determinados grupos	Questionários curtos e enunciados sucintos	Não garante a representatividade da amostra

Elaboração própria.

O que é perguntado ao entrevistado?

Uma pesquisa eleitoral é elaborada com o objetivo de compreender o comportamento do eleitor, sendo que o seu formato, a redação e a ordem das perguntas do questionário são elementos importantes para a compreensão das informações coletadas.

O processo de responder um questionário envolve uma série de elementos cognitivos, desde a compreensão da pergunta, busca na memória fatores de conexão, até julgamento a partir dos seus valores e princípios para, dessa forma, selecionar uma resposta. Por isso, o questionário deve ser claro e permitir que o entrevistado interprete as perguntas e responda sem vieses. As perguntas devem ser curtas, com redação clara e sem alto grau de complicação, para que, quando lida, sejam interpretadas da mesma forma, independentemente do grau de escolaridade do entrevistado ou de sua origem social.

As perguntas devem evitar termos que gerem interpretações distintas entre as pessoas ou que sejam específicos, ou seja, que somente serão entendidos por segmentos específicos da população.

O questionário contém perguntas abertas ou fechadas. Nas perguntas abertas, o entrevistado não seleciona um tópico e é estimulado a responder o que vem à mente. Pesquisas eleitorais com perguntas sobre voto no legislativo utilizam essa técnica ao perguntar em quem o entrevistado pensa em votar para deputado estadual ou federal. Também pode ser feita uma pergunta aberta para saber de quais partidos a pessoa se lembra, ou se ela sabe o que é, por exemplo, direita e esquerda na política. Esse tipo de pergunta é muito difícil de ser analisada em pesquisas de grande número de entrevistados, pois este dificulta a codificação.

A pergunta aberta clássica é sobre quem a pessoa pensa em votar, sem que se ofereça uma lista de opções de candidatos. Essa pergunta mensura o grau de conhecimento sobre os candidatos na disputa, bem como a sua penetração junto ao eleitorado.

Nas perguntas fechadas são oferecidas opções de respostas para entrevistado escolher. As respostas podem ser em escalas numéricas (indicar de 1 a 5 se concorda totalmente ou discorda totalmente, respectivamente) ou por categoria (ótimo, bom, regular ou péssimo).

Exemplo pergunta escala:

Como você avalia o governo do presidente (ler o nome do presidente)? Você diria que está sendo ótimo, bom, regular, ruim ou péssimo? (ESTIMULADA E ÚNICA)

MUITO BOM	BOM	REGULAR	RUIM	PÉSSIMO	NS	NR
1	2	3	4	5	98	99

As perguntas fechadas servem para mensurar a opinião sobre um tópico. Por exemplo, uma pergunta que busca medir o apoio a democracia traz algumas frases para que o entrevistado escolha.

Exemplo de pergunta:

Gostaria que o (a) Sr. (a) dissesse com qual das frases seguintes o Sr(a) concorda mais (ESTIMULADA E ÚNICA)

1.	Uma democracia é sempre a melhor forma de governo.
2.	Nem sempre uma democracia é possível, e um governo autoritário pode ser a melhor solução
3.	Às vezes uma democracia pode ser um bom governo, mas um governo autoritário, ou até uma ditadura, geralmente é um governo melhor.
4.	Um governo autoritário, ou mesmo uma ditadura é a melhor forma de governo.
97.	Nenhuma destas
98.	Não sabe (NS)
99.	Não Respondeu (NR)

Uma das razões pelas quais os pesquisadores insistem em afirmar que a pesquisa é uma radiografia do momento está atrelada à redação da pergunta sobre a intenção de voto. O entrevistado é levado a pensar no cenário daquele momento. Quando se pergunta "se a eleição fosse hoje...", o entrevistado responde a partir das informações que ele possui naquele momento.

As perguntas podem ser estimuladas, ou seja, quando é apresentada ao entrevistado a lista de opções, ou espontâneas, ou seja, quando a resposta está aberta e o entrevistado pode dar sua própria resposta. Para avaliar a intenção de votos, os dois modelos de perguntas podem ser utilizados em um mesmo questionário. No entanto, cada uma é interpretada de forma diferente. A pergunta espontânea mensura a lembrança e interesse na eleição. Já a pergunta estimulada avalia o potencial de cada candidato. Em geral, a pergunta espontânea terá um maior número de indecisos ou nãorespostas do que a estimulada.

As respostas espontâneas indicam o número de indecisos. Para muitos analistas, quando as candidaturas ainda não estão definidas, as respostas espontâneas sinalizam as possibilidades eleitorais dos candidatos. Os levantamentos do Datafolha para a pesquisa presidencial de 2022 mostram alto índice de indecisos um ano antes da eleição, mas que cai à medida que o debate eleitoral se configura: em maio de 2021 eram 49% de indecisos, caindo para 32% em março de 2022. A queda de indecisos se reflete na distribuição entre os candidatos mais competitivos, Lula (PT) e Bolsonaro (PL).

Quadro 10 – **Pergunta espontânea:**
Em outubro haverá eleição para presidente.
Em quem você pretende votar para presidente? (%)

	11 e 12/05/21	07 e 08/07/21	13 a 15/09/21	13 a 16/12/21	22 e 23/3/22
Lula (PT)	21	26	27	32	30
Jair Bolsonaro (PL)	17	19	20	18	23
Ciro Gomes (PDT)	1	2	2	2	2
Sergio Moro (PODEMOS)	0	0	0	2	2
Outros	2	2	3	2	3
Em branco/ nulo/nenhum	8	7	10	7	8
Não Sabe	49	42	38	36	32

Fonte: **Datafolha, 2021-2022 Disponível em: http://media.folha.uol.com.br/datafolha/2022/03/25/Intencao_de_voto_presidente_mar_22.pdf**

(1) Margem de erro de 2% e intervalo de confiança de 95%.

No período em que as campanhas ainda não definiram os seus candidatos, a pergunta estimulada terá diferentes cenários. É comum os institutos testarem prováveis nomes para avaliar o desempenho junto aos eleitores.

Os institutos avaliam a decisão do voto e o grau de rejeição dos candidatos. No caso da decisão do voto, é perguntado: "Em relação ao seu voto para presidente, você diria que: a) está totalmente decidido ou b) seu voto pode mudar".

O grau de rejeição é avaliado pela pergunta "Em quais desses possíveis candidatos você não votaria de jeito nenhum no primeiro turno da eleição para presidente da República em 2022?"

Outra forma de avaliar a decisão do voto, rejeição e conhecimento é com a seguinte pergunta: "Para cada um desses nomes, diga se com certeza votaria nele para presidente, se poderia votar, se não votaria de jeito nenhum ou se não o conhece o suficiente para avaliar?"

O questionário também poderá conter perguntas que avaliem a atuação do governo e das instituições políticas. Além de captar a percepção da população, essas perguntas mensuram a capacidade de transferência de voto do governo para aliados e, em caso de reeleição, medem o grau dc apoio do governo em um eventual segundo mandato. São perguntas que devem ser analisadas em conjunto com as informações sobre intenção de voto ou motivações da escolha eleitoral.

Para mediar o grau de saliência de temas da agenda pública e seus impactos para a decisão do voto, é realizada uma bateria de perguntas para compreender como os entrevistados veem a agenda pública. As perguntas, em geral, são voltadas para avaliar o grau de priorização e saber o impacto da agenda na vida da pessoa. Por exemplo, a partir de uma lista, a seguinte pergunta é feita aos entrevistados: "Na sua opinião, qual deve ser a primeira prioridade do Governo Federal?"

Os questionários incluem as opções de respostas "não sabe/não respondeu", que são indicadores importantes e necessários. Nas pesquisas de intenção de votos elas podem indicar os eleitores indecisos. Nesses casos, outras perguntas são incluídas para compreender o perfil dos indecisos. Porém, as respostas "não sabe/não respondeu" podem indicar uma baixa compreensão do enunciado da pesquisa. Por isso, os questionários são pré-testados, a fim de evitar qualquer desvio desta natureza.

Efeito da ordem das perguntas

A análise da ordem das perguntas também é importante em qualquer levantamento. Alberto Carlos Almeida[42] realizou um experimento em que compara duas pesquisas com amostras e perguntas idênticas, mas com ordem e contexto diferentes. Os resultados foram discrepantes. Ele analisou duas pesquisas feitas no Rio de Janeiro, em 2000, conduzidas pelo DataUff. Em uma pesquisa foram feitas várias perguntas sobre a questão racial e depois aplicou-se uma pergunta sobre a memória ao voto na Benedita da Silva (PT), conhecida por sua trajetória política ligada aos temas raciais.

A pergunta "O (A) Sr.(a) já votou alguma vez na Benedita da Silva?" foi aplicada no final do questionário,

---

[42] ALMEIDA, Alberto Carlos. "O efeito do contexto e posição da pergunta no questionário sobre o resultado da medição". *Opinião Pública*, v. 8, pp. 328-339, 2002..

após um baterias de perguntas relacionados ao tema racial. Em outra pesquisa com temática ampla sobre política, a mesma pergunta foi feita logo no início do questionário. Na comparação dos resultados na pesquisa em que tratou antes de temas raciais mais de 80% dos entrevistados indicaram que votaram na Benedita da Silva, enquanto na pesquisa sem questões raciais anteriores à pergunta sobre a memória do voto 50% dos entrevistados responderam que votaram petista. Entre outras diferenças que havia nos questionários, a pergunta sobre autoidentificação racial estava em posições diferentes. Enquanto a primeira pesquisa a apresentava logo no início, na outra pesquisa ela aparecia no final do questionário. O autor aponta várias outras diferenças, mas o experimento reforça a visão de que a ordem, como o questionário é feito e a redação da pesquisa podem influenciar as respostas.

Na eleição presidencial em 2010 foi relatada na imprensa uma reunião promovida pela Abep (Associação Brasileira das Empresas de Pesquisa) para discutir as diferenças metodológicas entre os institutos. Na reunião, ficaram claras as divergências no formato e na ordem das perguntas nos questionários[43]. Discutiu-se se a bateria de perguntas sobre intenção de voto deveria ser feita antes ou depois de outras questões, como, por exemplo, a de avaliação do governo. Alguns institutos defendem que isso não faz diferença para a escolha do eleitor, já outros institutos consideram que a ordem tem impacto na resposta dos eleitores.

[43] TOLEDO, José Roberto. "Institutos não chegam a acordo sobre ordem das perguntas em pesquisa eleitoral". *O Estado de São Paulo*, 15 abr. 2010. Disponível em: https://politica.estadao.com.br/blogs/vox-publica/institutos-nao-tem-acordo-sobre-ordem-das-perguntas-em-pesquisa-eleitoral/

As pessoas respondem o que realmente pensam?

As pessoas, quando respondem um questionário, informam o que realmente elas pensam sobre o tópico questionado? Estudos mostram que as pessoas utilizam mecanismos cognitivos para analisar as repostas em um questionário. Quando questionadas se conhecem ou ouviram falar de algum acontecimento ou fato político, articulam fatos ou questões que estão mais acessíveis em sua memória, por exemplo. A visão de mundo e envolvimento político podem também influenciar a forma como uma pessoa interpreta uma questão. Por isso, os questionários trazem perguntas que permitem entender o contexto político em que o entrevistado está inserido.

Existem várias explicações psicológicas que apontam as razões pelas quais pessoas não deem uma resposta verdadeira. Uma delas é o viés de aceitação, quando as pessoas são mais inclinadas a concordarem com uma afirmação do que discordarem. Para evitar esse tipo de viés são elaboradas escalas, a fim de que se tenha um balanço entre visões positivas e negativas.

Os entrevistados também podem ter medo de que suas respostas não sejam aceitas socialmente, que é chamado de efeito do desejo social. As perguntas que avaliam atitudes polêmicas devem considerar esse tipo de comportamento dos respondentes. A pressão social para estar alinhado às visões da maioria é um dos fatores que impactam esse comportamento dos entrevistados. As pesquisas telefônicas e online diminuem a chance desse tipo de efeito, pois o entrevistado não se sente intimidado pelo entrevistador. Ao longo dos anos, várias técnicas têm sido desenvolvidas para evitar o impacto do efeito de desejo social nos levantamentos.

Dada a importância do questionário, tanto formato das perguntas, quanto a ordem, que as empresas fazem pré-teste, ou seja, aplicam o questionário para avaliar possíveis problemas que possam induzir a erro ou implicar em viés nos resultados. Além disso, algumas perguntas têm sido aplicadas ao longo dos anos e se tornaram padrão para mensurar a opinião pública.

6. As Pesquisas Influenciam o Voto?

A intensa cobertura jornalística da corrida eleitoral provoca uma série de preocupações, não apenas acadêmicas, mas também por parte dos governos a respeito das ramificações e dos efeitos das pesquisas. Essa preocupação tem levado vários países a impor restrições à divulgação das pesquisas. Um exemplo de restrição é a proibição de publicação de pesquisas no período de um até 150 (caso da Tunísia) dias antes do dia da eleição. Em um estudo junto a 83 países em 2012 revelou que 38 (46%) deles possuem alguma restrição à publicação de pesquisas[44]. Como ocorre no Brasil, em mais de dois terços dos países os veículos de comunicação só podem divulgar as pesquisas após o fechamento das urnas.

No Brasil, nos últimos anos, a influência das pesquisas vem mobilizando políticos e partidos que se sentem

---

44 LAGO, Ignacio; GUINJOAN, Marc; BERMÚDEZ, Sandra. "Regulating disinformation: Poll embargo and electoral coordination". *Public Opinion Quarterly*, v. 79, n. 4, pp. 932-951, 2015.

prejudicados pela divulgação de resultados, que, ao seu ver, induzem os eleitores e influenciam os votos. Os críticos argumentam que as pesquisas manipulam os eleitores, por isso deveriam ter sua divulgação limitada, como acontece com a propaganda eleitoral. A divulgação de pesquisas poucas horas antes da eleição, por exemplo, pode afetar um candidato que é apresentado como tendo poucas chances de ser eleito.

Em 2015, deputados protocolaram um pedido de instalação de CPI tendo por objetivo investigar a metodologia de elaboração e divulgação de pesquisas eleitorais desde 2000. Os 171 deputados que assinaram o pedido queriam examinar as contradições e falhas das pesquisas aos longos dos diferentes pleitos. O pedido foi negado pelo deputado Eduardo Cunha, presidente da Câmara dos Deputados. Em 2020 foi apresentado um novo projeto de lei (PL 5116/2020) que prevê pena de dois a oito anos para empresas e entidades que divulguem pesquisas eleitorais fraudulentas. Outro projeto de lei (PL 5310/2020) propõe a limitação da divulgação de pesquisas eleitorais somente até a data limite para a realização das convenções partidárias. As propostas de lei que limitam a divulgação das pesquisas utilizam como argumento que as estas influenciam as escolhas dos eleitores e que seus erros induzem e manipulam os resultados.

A preocupação com os efeitos das pesquisas no voto dos cidadãos remonta aos primeiros estudos comportamentais nos anos 1940, que geraram grande debate sobre o quanto as pesquisas impulsionavam o apoio a uma opção política em detrimento de outra. Os estudos clássicos focam na conceitualização e medição do chamado *bandwagon* (seguir a maioria). Com o desenvolvimento das técnicas, outros aspectos modelos passaram a explicar a influência das pesquisas na escolha eleitoral[45].

As pesquisas motivam ou desmotivam a participação? Racionalmente, pressupõe-se que os eleitores avaliem a relação custo-benefício da sua participação e, providos de informação gerada pelas sondagens, estejam mais mobilizados, ou desmotivados, a participar no dia da eleição. Um conjunto de estudos evidenciam que as pesquisas têm efeito motivador para a participação. Quanto mais próximo do dia da eleição, maior a chance de a pesquisa mobilizar os eleitores[46]. De acordo com a visão utilitarista, o eleitor avalia o quanto sua participação amplia a vantagem do seu candidato. Ainda, os estudos mostram que o efeito desmotivador é o menor da pesquisa, ou seja, os resultados da pesquisa não levam os eleitores a se absterem de votar. O desinteresse no pleito seria motivado por outros elementos, como as opções eleitorais e visão sobre a política, entre outros.

As pesquisas afetam as preferências e escolhas eleitorais? Os analistas identificam três possíveis efeitos das pesquisas nas intenções de voto: *bandwagon*,também chamado de efeito contágio; *underdog*, em que as pesquisas levam as pessoas a apoiar um candidato ou partido; e o voto útil, que é aescolha viável quando o candidato preferido tiver poucas chances de sucesso na eleição.

---

[45] MOY, Patricia; RINKE, Eike Mark. "Attitudinal and behavioral consequences of published opinion polls". In *Opinion Polls and the Media*. London: Palgrave Macmillan, 2012. pp. 225-245.

[46] MOY, Patricia; RINKE, Eike Mark. "Attitudinal and behavioral consequences of published opinion polls". In *Opinion Polls and the Media*. London: Palgrave Macmillan, 2012. pp. 225-245.

Os efeitos *bandwagon* (efeito adesão) e *underdog* (efeito azarão)

O termo *bandwagon* surgiu em 1855 nos Estados Unidos, quando o palhaço Dan Rice passou a usar durante sua campanha uma carruagem circense para chamar a atenção dos eleitores. Ele utilizava o slogan "pule na nossa carruagem" ("*jump on the bandwagon*") para pedir o apoio dos eleitores.

Na psicologia social, o termo é utilizado para explicar o efeito "seguir a maioria". Os indivíduos tendem a concordar com o que os outros acreditam, sem considerarem suas ações. Por isso, este também é chamado de efeito adesão. Dentro dessa perspectiva, o indivíduo segue modismos.

As pessoas avaliam os resultados das pesquisas e tendem a ser influenciadas a escolherem quem está na liderança. O indivíduo pondera que, se a maioria considera o candidato em primeiro lugar a melhor opção, isso significa que ele deveria ser a sua escolha. Os eleitores que pretendem votar em um candidato não tão bem-posicionado nas pesquisas estariam propensos a mudar sua intenção de voto para um candidato com mais chances de vitória.

Os eleitores indecisos também tenderiam a escolher o candidato mais bem posicionado na pesquisa. Esse efeito tem mais chance de ocorrer em situações em que, nas sondagens, um candidato apresenta uma clara vantagem frente aos outros concorrentes. Alberto Carlos de Almeida, porém, ressalta que os eleitores que migram o voto para o candidato mais competitivo já teriam uma predisposição em votar naquele candidato. Desta forma, a escolha estaria correlacionada também a outros fatores, com a identidade partidária ou ideológica.

Diversos estudos indicam que a natureza do *bandwagon* não é clara, mas é possível identificar mecanismos que explicam por que as pessoas tendem a votar em um candidato que está bem na corrida eleitoral. No momento de avaliar suas opções eleitorais, algumas pessoas consideram a pesquisa como um indicador da forma como outros avaliam os pontos fortes e fracos dos candidatos. Outro grupo de pessoas, por questões psicológicas, tem o desejo de estar ao lado do vencedor. Para esse grupo, estar entre os vencedores é um importante reconhecimento social. Não podemos desconsiderar que o *bandwagon* representa a característica cognitiva de pertencimento ao grupo social. Por isso, seus efeitos não podem ser subestimados. Eles representam processos cognitivos que, muitas vezes, não estão claros para os pesquisadores.

O efeito *underdog* (ou efeito azarão), que remonta a 1877, diz respeito à migração das escolhas para o candidato que tem posição menos favorável nas pesquisas. Na psicologia esse efeito refere-se à tendência do indivíduo de se sensibilizar com o lado mais fraco, gerando um sentimento de compaixão que o leva a apoiar o elo mais fraco em uma situação. Na perspectiva política, os eleitores escolhem aquele tipo perdedor com um ato desafiador. No Brasil, sempre é lembrada a eleição de Leonel Brizola para o governo do Rio de Janeiro, em 1982.

Para que haja um efeito eleitoral, o movimento de transferência para um candidato precisa ser amplo o suficiente para que, ao final, o candidato supere os demais e ganhe a eleição. A estratégia *underdog* é utilizada para nas escolhas para o legislativo, estimulando os eleitores a votarem em candidatos menos competitivos com o argumento que as lideranças mais expressivas já terão voto suficiente para serem eleitas a um cargo.

Para considerar o efeito na decisão do eleitor, porém, pressupõe-se que as pessoas tiveram acesso à pesquisa e que esta foi de grande divulgação. No caso do eleitor médio, que desconfia dos resultados das pesquisas, estima-se um baixo impacto na alteração em sua escolha. Dados indicam que é marginal as pessoas que afirma que as pesquisas impactaram sua escolha eleitoral. Fatores como as características pessoais e profissionais dos candidatos são elementos mais considerados para definição do voto[47]. Estudos brasileiros indicam que apenas 5% dos eleitores admitem que votam no candidato que está à frente nas pesquisas. Outros indicadores, como as características dos candidatos, identificação ideológica e propostas políticas, são apontados como mais relevantes para a definição do voto[48].

Os efeitos *bandwagon* or *underdog* tendem a ter maior impacto entre os grupos que possuem menor grau de informação sobre o processo eleitoral. As evidências mostram que, entre eleitores indecisos, os efeitos das pesquisas tendem a ser maiores e contribuir na escolha final dos eleitores[49]. Márcia Cavallari, Örjan Olsén e Joseph Straubhaar mostram que, em 1989, 15,7% dos eleitores brasileiros utilizaram os resultados das pesquisas para decidir seu voto. Na mesma pesquisa, 7,2% apontaram seguir o efeito

---

[47] GIUSEPPE, Marcelo. *Você Não Entende Nada de Pesquisas Eleitorais.* IBESPE, 2021.

[48] KAMRADT, João. "É possível confiar nas pesquisas eleitorais? Análise das intenções de votos nas eleições para governadores no Brasil em 2014". *Compolítica*, v. 7, n. 1, pp. 157-188, 2017.

[49] VAN DER MEER, Tom WG; HAKHVERDIAN, Armen; AALDERING, Loes. "Off the fence, onto the bandwagon? A large-scale survey experiment on effect of real-life poll outcomes on subsequent vote intentions". *International Journal of Public Opinion Research*, v. 28, n. 1, pp. 46-72, 2016.

bandwagon, e 8,5% mostram-se inclinados ao comportamento *underdog*[50].

Voto útil

O terceiro possível efeito na preferência eleitoral é o voto estratégico ou útil. Nesse modelo, os eleitores utilizam as informações para maximizar a utilidade de seu voto. O argumento é que eleitor rejeita o líder da corrida eleitoral para escolher uma segunda opção que considera melhor. Em um sistema de dois turnos, como no caso brasileiro, o 3° colocado nas pesquisas consegue superar o 2° colocado, indo para a disputa no segundo turno. Esse movimento foi visto na eleição de 2014, quando a candidata Mariana da Silva foi superada pelo candidato Aécio Neves, que disputou o segundo turno contra Dilma Roussef. Os analistas apontaram que, durante as semanas finais da campanha eleitoral, o eleitor opositor a Dilma Roussef considerou que Aécio Neves teria mais chance do que Marina Silva para vencer o segundo turno. A disputa foi, então, bastante acirrada.

Nas primárias americanas em 2020, a escolha de Joe Biden seguiu o princípio de rejeição a Trump. Na fase de escolha dentro do partido (as primárias), os democratas contavam com 11 pré-candidatos. Dois candidatos, Bernie Sanders e Elizabeth Warren, eram bastante populares entre os eleitores jovens, mas prevaleceu a visão de que o partido precisava de um candidato que tivesse condições de derrotar Donald Trump. As pesquisas mostravam que uma parcela do

---

[50] NUNES, Márcia Cavallari; OLSÉN, Örjan; STRAUBHAAR, Joseph. "O uso de pesquisas eleitorais em decisões de voto: as eleições brasileiras de 1989". *Opinião Pública*, v. 1, n. 2, 1993.

eleitorado votaria no candidato anti-Trump, mas este não poderia ser um radical. O perfil conciliador e experiente de Joe Biden era mais adequado que o dos demais democratas na disputa. Apesar de também ser altamente rejeitado por alguns setores da sociedade americana, Trump tinha uma rejeição maior, o que aglutinou o apoio a Biden. É a clássica visão de que não se tratava do melhor candidato, mas do menos ruim.

A mídia tem um papel central em reforçar esses efeitos, dado que os candidatos mais bem colocados nas pesquisas terão mais atenção no noticiário. A maior exposição dos candidatos no noticiário gera um maior conhecimento por parte dos eleitores. As pesquisas eleitorais diminuem o custo de informação e, consequentemente, favorecem estratégias utilitaristas.

A cobertura jornalística em 2018, após a facada contra Bolsonaro, focou bastante em sua campanha eleitoral. Mesmo não estando no hospital, ele obteve uma ampla cobertura da mídia. Claro que esse não é o único fator que explica sua vitória, mas a ampla cobertura foi fundamental para que o candidato se tornasse ainda mais conhecido. Logo após o episódio da facada, Bolsonaro cresceu 6% no levantamento do Ibope. O levantamento do Datafolha, porém, indicava que, apesar da grande comoção gerada pelo episódio e do alto grau de conhecimento, apenas 2% afirmavam que tinham alterado seu voto depois do ocorrido.

Os estudos ressaltam que os três efeitos (*badwagon*, *underdog* ou voto útil) ocorrem em determinadas circunstâncias. Além disso, esses efeitos influenciam as preferências, mas não as atitudes políticas.

O impacto das pesquisas na expressão das opiniões

O conceito de espiral do silêncio desenvolvido por Noelle-Neumann é bastante estudado por analistas políticos para explicar o papel da comunicação na opinião pública. Em seu artigo clássico, Noelle-Neumann[51] explica que, quanto mais perto uma pessoa acredita que sua opinião é semelhante à opinião pública dominante, mais ela está disposta a expressá-la. Os indivíduos percebem o clima da opinião e, quando este muda, eles reconhecem que a sua posição é menos favorável e se tornam menos dispostos a falar publicamente. Em um ambiente que consideram hostil à sua posição, os indivíduos tendem a se silenciar. De acordo com Noelle-Neumann, a vontade das pessoas de falarem a respeito de um assunto controverso depende do que elas consideram ser a visão dominante. Assim, a tendência é que um indivíduo fale e que o outro fique em silêncio, gerando um processo dinâmico em relação às informações que retratam a opinião pública, inclusive as pesquisas de opinião. O isolamento público envolve questões com forte componente moral e de valores. Estudos recentes indicam que a percepção da importância da questão pode levar os indivíduos a romperem o silêncio e a se posicionarem, mesmo que contra a posição majoritária. O poder explicativo da espiral do silêncio tem diminuído com as mudanças no ambiente da comunicação. As pessoas não processam os dados das pesquisas, mas acompanham a publicação, por exemplo, pelo Twitter de um formador de opinião. Além disso, a mídia não tem a mesma centralidade que tinha nos anos 1960.

---

51 NOELLE-NEUMANN, Elisabeth. "Pesquisa eleitoral e clima de opinião". *Opinião Pública*, v. 1, n. 2, pp. 1-8, 1993.

As diversas opções de informação permitem que os indivíduos escolham conteúdos que se alinhem com suas visões e valores. Nesse novo ambiente, é mais fácil descobrir conteúdos e grupos que estejam próximos das visões individuais. De toda forma, as pesquisas seriam mais uma informação para reforçar a opinião individual, mas, como a mídia, perderia efeito ao provocar a espiral do silêncio.[52]

De maneira geral, os estudos empíricos apontam que é difícil identificar os efeitos diretos na decisão do voto. No entanto, as pesquisas possuem um papel importante na definição das campanhas e não devem ser desconsideradas no cenário político eleitoral.

---

[52] MOY, Patricia; RINKE, Eike Mark. "Attitudinal and behavioral consequences of published opinion polls". In *Opinion Polls and the Media.* London: Palgrave Macmillan, 2012. pp. 225-245.

7. Indo Além dos Ruídos das Pesquisas

O processo de planejamento e execução de uma pesquisa, como discutido até aqui, envolve uma série de conceitos e aspectos técnicos. Isso se reflete também na análise dos dados e informações coletadas. Por onde começar? O que é relevante para compreender os resultados? Não existe uma regra sobre como analisar as informações e quais devem ser analisadas. Olhar apenas a evolução dos índices de cada candidato faz com que se desperdice toda a riqueza de informações presentes nas sondagens de opinião. Embora sejam complexos e técnicos, como vimos até o momento, os dados apresentam um quadro importante do que as pessoas veem e pensam sobre política.

O primeiro passo é analisar a distribuição de votos considerando as variáveis demográficas. As diferenças entre gênero, faixa etária, escolaridade e renda são as primeiras impressões das divisões na opinião pública. Nem sempre essas variáveis são determinantes para o desempenho de um candidato, mas sinalizam as bases sociais de apoio aos candidatos e partidos.

Se um candidato tem um total de 40% de intenções de voto e, entre os eleitores mais jovens, esse índice atinge 50%, podemos interpretar que sua candidatura é mais atraente aos eleitores mais jovens. Se outro candidato tem 30% das intenções, mas entre eleitores acima de 60 anos o percentual é de 55%, esse candidato possuiu forte suporte dos mais velhos e ele terá que pensar em uma estratégia política para dialogar com as outras faixas etárias. A análise pode avaliar o apoio aos candidatos entre os mais ou menos escolarizados, e entre os de menor ou maior renda.

A distribuição geográfica das intenções de voto deve ser parte da análise. São Paulo, Rio de Janeiro e Minas Gerais somam 50 milhões de eleitores, representando 40% do eleitorado total no país. Os candidatos à Presidência sabem do peso eleitoral desses estados e, por isso, buscam um bom desempenho nos colégios eleitorais. Além das pesquisas eleitorais, os institutos também analisam o desempenho dos partidos nas eleições anteriores. As projeções de votos são feitas não só a partir da análise dos resultados das pesquisas, mas também considerando o padrão de votação de cada estado em outras eleições. Dessa forma, analisar os dados das pesquisas por estados (quando disponíveis) amplia a capacidade de compreender a dinâmica eleitoral. As pesquisas estaduais também fornecem um mapa das alianças e potências dos partidos.

A inclinação religiosa é uma variável que vem sendo estudada para que se entenda o comportamento eleitoral no Brasil. Os evangélicos representam 20% dos eleitores. Além disso, as lideranças evangélicas exercem grande influência-nas articulações políticas. Os estudos sobre o comportamento desse segmento da população evoluem para que se entenda quais são os fatores definidores de sua participação, mas muitas visões ainda não estão consolidadas e necessitam de maiores avanços[53].

O passo seguinte ao mapeamento do perfil dos eleitores dos candidatos na disputa é compreender a dinâmica do contexto político. Neste sentido, devemos nos perguntar o quanto a sociedade está disposta a promover um ambiente pró-mudança, ou se prefere a manutenção do status quo.

Para compreender as aspirações dos eleitores, um indicativo é o índice de avaliação do governo e dos governantes. O cenário político em 2002 era de apoio à mudança de rumos no país. No seu último ano de governo, a avaliação do presidente Fernando Henrique Cardoso variava entre 26% e 31%, o que afetava o seu discurso de manutenção das políticas liberais. Em 2010, a alta aprovação do governo e da atuação do presidente Lula sinalizava a satisfação com as ações do governo, tendo um cenário mais propício à continuidade das políticas públicas[54].

Existe uma alta correlação entre taxa de aprovação do mandato e resultado favorável ou contrário ao candidato governista. A taxa de aprovação acima de 50% (considerando avaliações boas e ótimas) aumenta a chance de vitória do candidato governista. Já aprovação inferior a 40% aumenta o potencial dos candidatos de oposição.

---

[53] RODRIGUES, Guilherme Alberto; FUKS, Mario. "Grupos sociais e preferência política: o voto evangélico no Brasil". *Revista Brasileira de Ciências Sociais,* v. 30, pp. 115-128, 2015.

[54] LIMA, Alexandre Correa. *Pesquisas de Opinião Pública: teoria, prática e estudos de caso.* São Paulo: Novatec Editora, 2017. *E-book.*

Oswaldo E. do Amaral e Pedro Floriano Ribeiro[55], a partir da análise de estudos pós-eleitorais, mostram que a avaliação do governo de Dilma Rousseff foi um bom preditor do voto para sua reeleição em 2014. Entre os entrevistados da pesquisa, 46% avaliavam positivamente seu governo e mostravam maior propensão em apoiar sua continuidade. Entre aqueles que avaliavam a gestão como regular, ruim e péssima tendiam a votar em Aécio Neves ou Marina Silva.

Porém, Marcelo Giuseppe, do Instituto IBESPE, ressalta que, desde a eleição de 2016, percebe-se uma nova relação entre avaliação do governo e eleições. Comparando os dados de 2012 e 2016, ele afirma que, para obter a mesma taxa de sucesso, é necessário um maior nível de aprovação do governo.

Quadro 7 – **Taxa de sucesso eleitoral por grau de aprovação**

APROVAÇÃO DE GOVERNO		
Taxa de sucesso	Até 2012	Até 2016
10%	<=35%	<=26%
65%	36% a 49%	27% a 41%
95%	>=50%	>=42%

Fonte: **GIUSEPPE, Marcelo.** ***Você Não Entende Nada de Pesquisas Eleitorais.*** **IBESPE, 2021.**

De um lado, os eleitores tornaram-se mais críticos quanto aos rumos do governo após todos os acontecimentos políticos no país. Por outro lado, o aumento da polarização

[55] AMARAL, Oswaldo E. do; RIBEIRO, Pedro Floriano. "Por que Dilma de novo? Uma análise exploratória do Estudo Eleitoral Brasileiro de 2014". *Revista de Sociologia e Política*, v. 23, pp. 107-123, 2015.

política gerou um outro fenômeno: muitos cidadãos buscam não se posicionar e atribuem uma avaliação regular aos governos e governantes. Dessa forma, as pesquisas detectam um aumento no número de avaliações neutra, ou seja, mais eleitores dão nota média (quando são levados a atribuir notas entre 0 e 10) ou atribuem conceito regular.

No caso brasileiro, a possibilidade de reeleição dos cargos majoritários necessita ser considerada na análise dos dados. Desde que a reeleição foi estabelecida, em 1997, todos os presidentes conquistaram o segundo mandato, FHC, Lula e Dilma. A eleição ganha um caráter quase plebiscitário sobre a continuidade do projeto de governo. Como é sempre lembrado no mundo político, o presidente da República dispõe de uma série de recursos e orçamentos para garantir políticas favoráveis em ano eleitoral, o que garante apoio de setores políticos. Além disso, a atenção da mídia e da sociedade está voltada para a atuação presidencial, o que garante forte exposição e impacta o grau de conhecimento sobre o candidato.

Nas eleições em que o governante não disputa sua reeleição, sempre se questiona sua capacidade de transferência de voto. O governante consegue transferir apoio quando tem uma margem ampla de aprovação. Porém, muitos casos mostram que nem sempre ele consegue transferir votos para um candidato. Além do apoio governamental, o candidato governista tem a imagem associada a continuidade. Mesmo quando pouco conhecido, o candidato ganha peso durante a campanha.

A eleição de 1996 na cidade de São Paulo é um exemplo da capacidade de transferência de voto de um governante para seu aliado. Atribui-se a vitória de Celso Pitta ao papel de Paulo Maluf, político popular e que ocupava o cargo de prefeito da cidade. Pitta era secretário de finanças da gestão de Maluf. Um total desconhecido no início da campanha, ganhou projeção ao associar sua campanha ao padrinho político e à manutenção e continuidade da gestão.

Quando a condução do governo tem baixa aprovação ou não há nenhum candidato com vantagem significativa, outros fatores devem ser analisados para que se compreenda o contexto político e as visões dos eleitores. O grau de desaprovação do governo é um sinalizador do sentimento de busca por mudanças na condução da gestão pública. Para os candidatos governistas, é uma tarefa mais complexa obter apoio, dado que a sociedade demonstra insatisfação com o projeto vigente. Na eleição de 2002, o discurso do candidato José Serra estava pautado na continuidade e na defesa dos ganhos com o fim da inflação, mas os eleitores não viviam a sensação de bem-estar, e questões como desemprego e pobreza eram temas latentes entre os eleitores. A candidatura de Lula o apresentou como a pessoa que seria capaz de melhorar a vida dos pobres.

No cenário em que o governo é mal avaliado, com uma oposição coesa, as chances de reeleição ou vitória do candidato governista são menores. Isso não significa que ele não poderá conquistar os eleitores, pois a base de apoio simpática ao governo, mesmo que minoritária, pode ser suficiente para levá-lo ao segundo turno e, com a soma dos votos daqueles que não estão inteiramente insatisfeitos com o governo, ganhar a eleição.

A formação de uma aliança ou coalizão oposicionista já no primeiro turno diminui a probabilidade de vitória governista. O eleitorado também pode optar pelo candidato considerado menos pior, quando existe uma forte rejeição em ambos os lados.

A análise dos resultados das pesquisas fornece um panorama dos cenários e as possibilidades dos candidatos. Porém, outros elementos também são relevantes e podem ser explorados a partir dos dados.

Após o caso de Celso Pitta, muitas pessoas passaram a considerar que o marketing político conseguiria construir um candidato vitorioso. As pesquisas contribuiriam com informações para essa construção de imagem. No entanto, um político não é um produto que permite ser moldado. A imagem é resultado de uma série de fatores, como carisma, capacidade de comunicação e empatia. Além disso, o sucesso depende das características que o eleitor valoriza para sua escolha. Em uma eleição, os eleitores valorizam o pragmatismo e a capacidade de gestão. Em outra eleição, para um cargo diferente, os eleitores buscam um candidato atrelado ao protagonismo social. A característica pessoal e o carisma de um candidato deve ser visto como um outro elemento que impacta a percepção do eleitor. O eleitor pode não gostar do candidato, mesmo que este esteja ligado a uma boa proposta.

Alguns institutos de pesquisa investigam a opinião das pessoas sobre os temas e agendas mais relevantes, tais como de ordem social, segurança e econômica. A pauta econômica sempre tem grande espaço no debate público. As sondagens perguntam como os entrevistados veem sua situação econômica ou a do país no futuro. Com isso, fazemos uma análise das expectativas futuras e de como os discursos apresentados aos eleitores se ajustam ou não aos cenários projetados.

Maurício Moura e Juliano Coberllini[56], no *livro A Eleição Disruptiva: por que Bolsonaro venceu*, demonstram como os

---

[56] MOURA, Maurício; CORBELLINI, Juliano. *A Eleição Disruptiva: por que Bolsonaro venceu.* São Paulo: Record, 2019. *E-book.*

dados das pesquisas realizadas entre 2016 e 2018 já davam os sinais das expectativas e percepções dos eleitores. A desmoralização das elites políticas tradicionais e a busca por um candidato que não estivesse alinhado à "velha política", o aprofundamento dos problemas de segurança na perspectiva da opinião pública e o peso do WhatsApp como plataforma de comunicação política já eram tópicos detectados nas pesquisas. Para os autores, porém, nenhum dado parecia sólido para predizer o voto do eleitor durante o pleito, sendo possível somente na análise posterior à eleição um entendimento mais completo do quadro. Dessa forma, a análise dos dados das pesquisas, muitas vezes, exige um distanciamento do debate acalorado das paixões políticas.

A riqueza e sofisticação da análise não dependem apenas que se saiba quem está na dianteira, mas sim que se compreenda o perfil dos eleitores, suas expectativas e atitudes.

8. Considerações Finais

No final de cada eleição, muitos decretam o fim das pesquisas. Acompanhamos intensos debates quanto a sua capacidade preditiva e o sobre quanto o setor precisa de profundas transformações. As críticas e desconfianças ainda persistem e pressionam para que os institutos sejam transparentes quanto a suas técnicas e objetivos.

Desde sua origem, as pesquisas eleitorais sempre incorporaram novas técnicas e metodologias. As novas transformações no setor de comunicação também afetam como as pesquisas são feitas, bem como sua divulgação para o público.

A revolução tecnológica traz desafios para a realização das pesquisas, mas também abre novos horizontes. Coletar dados e informações hoje implica em menos custo e mais velocidade. Rastros digitais dos indivíduos já são mensurados de forma automatizada e sem a necessidade de questionário formal. No entanto, o uso de inteligência artificial, que avança em muitos setores, encontra limitações dos softwares para extrair insights a partir da análise dos dados. A compreensão das informações ainda depende do desenvolvimento de tecnológico.

A tendência é que o desenvolvimento de estudos e novos métodos garanta maior confiabilidade e precisão das pesquisas, especialmente a partir de estudos estatísticos que melhorem a qualidade da estratificação das amostras, com combinação de dados individuas e agregados. Estudos já indicam que é possível ter estimativas mais precisas de intenção de voto a partir de modelos estatísticos.

A difusão de pesquisas feitas para celulares tende a ganhar espaço e já preocupam pela qualidade das respostas e pela representatividade das amostras. A utilização das informações em redes sociais ainda gera desafios na representatividade das informações divulgadas. As plataformas indicam determinados segmentos que discutem e abordam temas políticos, mas é difícil selecionar dados demográficos ou atitudinais dessas plataformas.

Essas limitações indicam que os métodos automatizados de coletas de informação não irão substituir os métodos tradicionais. A análise ainda dependerá de curadoria e análise do conteúdo, que só podem ser realizadas a partir da experiência dos pesquisadores.

Além da sofisticação metodológica, a frequência na realização de pesquisas expõe e cria oportunidades para diminuir as percepções negativas e as críticas de determinados setores da sociedade. A transparência dos institutos nas apresentações metodológicas e dos seus resultados contribui para a construção de um ambiente de confiança.

As pesquisas continuarão a ter um papel de destaque nos debates eleitorais, como um instrumento importante para a compreensão das escolhas dos eleitores. Por isso, é importante que pesquisadores, institutos, candidatos e imprensa trabalhem conjuntamente na construção de um ambiente confiável e transparente, não apenas com o desenvolvimento de técnicas modernas de pesquisa, mas também na apresentação clara das informações coletadas.

Referências

ALMEIDA, Alberto Carlos. "O efeito do contexto e posição da pergunta no questionário sobre o resultado da medição". *Opinião Pública*, v. 8, pp. 328-339, 2002.

AMARAL, Oswaldo E. do; RIBEIRO, Pedro Floriano. "Por que Dilma de novo? Uma análise exploratória do Estudo Eleitoral Brasileiro de 2014". *Revista de Sociologia e Política*, v. 23, pp. 107-123, 2015.

AMERICAN ASSOCIATION FOR PUBLIC OPINION RESEARCH (AAPOR). *Report An Evaluation of 2016 Election Polls in the U.S*, s/d. Disponível em: https://www.aapor.org/Education-Resources/Reports/An-Evaluation-of-2016-Election-Polls-in-the-U-S.aspx

BIROLI, Flávia; MIGUEL, Luis Felipe; MOTA, Fernanda Ferreira. "Mídia, eleições e pesquisa de opinião no Brasil (1989-2010): um mapeamento da presença das pesquisas na cobertura eleitoral". *Revista Compolítica*, n. 1, v. 1, mar./abr. 2011.

BORGESIUS, Frederik et al. "Online political microtargeting: Promises and threats for democracy". *Utrecht Law Review*, v. 14, n. 1, pp. 82-96, 2018.

Cambridge Analytica. Leave. *EU: Psychographic Targeting for Britain.* Disponível em: https://www.parliament.uk/globalassets/documents/commons-committees/culture-media-and-sport/BK-Background-paper-CA-proposals-to-LeaveEU.pdf

CAMPBELL, Angus et al. *The American Voter.* University of Chicago Press, 1980.

CARREIRÃO, Yan de Souza. *A Decisão do Voto nas Eleições Presidenciais Brasileiras.* Rio de janeiro: Fundação Getúlio Vargas, 2002.

CNN Brasil. "Boato usa pesquisa falsa para dizer que Bolsonaro lidera em todos os estados". 11 fev. 2022. Disponível em: https://www.cnnbrasil.com.br/politica/boato-usa-pesquisa-falsa-para-dizer-que-bolsonaro-lidera-em-todos-os-estados/

CONVERSE, Philip E. "The nature of belief systems in mass publics (1964)". *Critical Review,* v. 18, n. 1-3, pp. 1-74, 2006.

DIAS, Luiz A. "Vozes dissonantes: análise do jornal Folha de S. Paulo e de pesquisas do Ibope no golpe civil-militar de 1964". *Revista Verinotio,* n. 17, pp. 63-72.

DIEGUEZ, Consuelo. "Dentro das pesquisas: como as enquetes quantitativas e qualitativas se tornaram a bússola da campanha para presidente". *Revista Piauí,* n. 42, mar. 2010. Disponível em: https://piaui.folha.uol.com.br/materia/dentro-das-pesquisas/

DOBBER, Tom; Ó FATHAIGH; Ronan; ZUIDERVEEN; BORGESIUS, Frederik. "The regulation of online political micro-targeting in Europe". *Internet Policy Review,* v. 8, n. 4, 2019.

DOWNS, Anthony. "The origins of an economic theory of democracy. Information, Participation and Choice: An Economic Theory of Democracy". *Perspective,* pp. 197-200, 1995.

EDUARDO, Octavio da Costa. "Pequena história comentada da pesquisa de mercado e opinião pública no Brasil: a etapa pioneira", *Revista da ESPM,* ano 9, v. 10, n. 1, jan./fev. 2003.

Encarte Tendências, *Revista Opinião Pública*, v. 16, n. 2, nov. 2010. Disponível em: https://doi.org/10.1590/S0104-62762010000200011

FERREIRA, Daniel. "5 teorias que explicam o erro das pesquisas em 2020". 11 dec. 2020. Disponível em: https://pindograma.com.br/2020/12/11/pesquisas-analise.html

FIGUEIREDO, Marcus. *A Decisão do Voto: Racionalidade e democracia.* São Paulo: 1991.

FOLHA DE SÃO PAULO. "Corrente que circula entre investidores questiona metodologia adotada por pesquisas eleitorais". 19 set. 2018. Disponível em: https://www1.folha.uol.com.br/poder/2018/09/corrente-que-circula-entre-investidores-questiona-metodologia-adotada-por-pesquisas-eleitorais.shtml

FRANKOVIC, Kathellen. "Exit polls and Pre-Election Polls". *The SAGE Handbook of Public Opinion Research.* 2008. pp. 570-579.

GIUSEPPE, Marcelo. *Você Não Entende Nada de Pesquisas Eleitorais.* IBESPE, 2021.

HILLYGUS, D. Sunshine. "The evolution of election polling in the United States". *Public Opinion Quarterly*, v. 75, n. 5, pp. 962-981, 2011.

INGLEHART, Ronald. "Postmaterialist values and the shift from survival to self-expression values". *The Oxford Handbook of Political Behavior.* 2007. pp. 223-239.

KAMRADT, João. "É possível confiar nas pesquisas eleitorais? Análise das intenções de votos nas eleições para governadores no Brasil em 2014". *Compolítica*, v. 7, n. 1, pp. 157-188, 2017.

LAGO, Ignacio; GUINJOAN, Marc; BERMÚDEZ, Sandra. "Regulating disinformation: Poll embargo and electoral coordination". *Public Opinion Quarterly*, v. 79, n. 4, pp. 932-951, 2015.

LAZARSFELD, Paul F.; BERELSON, Bernard; GAUDET, Hazel. *The People's Choice.* Columbia University Press, 1968.

LIMA, Alexandre Correa. *Pesquisas de Opinião Pública: teoria, prática e estudos de caso.* São Paulo: Novatec Editora, 2017. *E-book.*

MEIRELLES, Fernando. "Estimativas na margem de erros no Brasil". *Valor Econômico,* 24 abr. 2022. Disponível em: https://valor.globo.com/politica/coluna/estimativas-de-margem-de-erro-no-brasil.ghtml

MENDES, Antonio Manoel Teixeira. "O papel das pesquisas eleitorais". *Novos Estudos CEBRAP,* n. 29, mar. 1991, pp. 28-33.

MENDONÇA, Duda. *Casos & Coisas.* São Paulo: Globo, 2001.

MOURA, Maurício; CORBELLINI, Juliano. *A Eleição Disruptiva: por que Bolsonaro venceu.* São Paulo: Record, 2019. *E-book.*

MOY, Patricia; RINKE, Eike Mark. "Attitudinal and behavioral consequences of published opinion polls". In *Opinion, Polls, and the Media.* London: Palgrave Macmillan, 2012. p. 225-245.

NIX, Justin et al. "Police research, officer surveys, and response rates". *Policing and Society,* v. 29, n. 5, pp. 530-550, 2019.

NOELLE-NEUMANN, Elisabeth. "Pesquisa eleitoral e clima de opinião". *Opinião Pública,* v. 1, n. 2, pp. 1-8, 1993.

NUNES, Márcia Cavallari; OLSÉN, Örjan; STRAUBHAAR, Joseph. "O uso de pesquisas eleitorais em decisões de voto: as eleições brasileiras de 1989". *Opinião Pública,* v. 1, n. 2, 1993.

OBERSCHALL, Anthony. "The historical roots of public opinion research". *The SAGE Handbook of Public Opinion Research.* 2008. pp. 83-92.

PAGE, Benjamin I.; SHAPIRO, Robert Y. *The Rational Public.* University of Chicago Press, 2010.

PINTO, Rodolfo Costa. "Pesquisa por telefone teve maior taxa de acerto nos EUA na eleição de Trump". *Poder360*, 17 jun. 2018. Disponível em: https://www.poder360.com.br/opiniao/pesquisa-por-telefone-teve-maior-taxa-de-acerto-nos-eua-na-eleicao-de-trump/

PROSSER, C.; MELLON, J. "The Twilight of the Polls? A Review of Trends in Polling Accuracy and the Causes of Polling Misses". *Government and Opposition*, 53(4), 757-790, 2018.

RICHARDSON, Roberto J. et all. *Pesquisa Social: métodos e técnicas.* 3. ed. São Paulo: Atlas, 1999.

RODRIGUES, Guilherme Alberto; FUKS, Mario. "Grupos sociais e preferência política: o voto evangélico no Brasil". *Revista Brasileira de Ciências Sociais*, v. 30, pp. 115-128, 2015.

SANTOS, Andreia. "O impacto do Big Data e dos algoritmos nas campanhas eleitorais". *Privacidade em Perspectivas.* 2016. pp. 1-24.

SDP Notícias. "Académicos difunden falsa encuesta de Mitofsky sobre elecciones en Edomex". 28 mai. 2017. Disponível em: https://www.sdpnoticias.com/local/edomex/academicos-mitofsky-encuesta-difunden-falsa.html

SILVER, Nate. "The death of polling is greatly exaggerated", 25 mai. 2021. Disponível em: https://fivethirtyeight.com/features/the-death-of-polling-is-greatly-exaggerated/

SMITH, Tom W. "The first straw? A study of the origins of election polls". *Public Opinion Quarterly*, v. 54, n. 1, pp. 21-36, 1990.

TARDE, Gabriel. *A Opinião Pública e as Massas.* São Paulo: Martins Fontes, 1992.

TOLEDO, José Roberto. "Institutos não chegam a acordo sobre ordem das perguntas em pesquisa eleitoral". *O Estado de São Paulo*, 15 abr. 2010. Disponível em: https://politica.estadao.com.br/blogs/

vox-publica/institutos-nao-tem-acordo-sobre-ordem-das-perguntas--em-pesquisa-eleitoral/

VAN DER MEER, Tom WG; HAKHVERDIAN, Armen; AALDERING, Loes. "Off the fence, onto the bandwagon? A large-scale survey experiment on effect of real-life poll outcomes on subsequent vote intentions". *International Journal of Public Opinion Research*, v. 28, n. 1, pp. 46-72, 2016.

VAZ, Dilson. *Pesquisas eleitorais: por trás dos números*. 2017. *E-book*.

VERBA, Sidney; ALMOND, Gabriel. *The Civic Culture. Political attitudes and democracy in five nations*. 1963.

WEISBERG, Herbert F. "The methodological strengths and weaknesses of survey research". *The SAGE Handbook of Public Opinion Research*. 2008. pp. 223-231.

Coleção MyNews Explica

MyNews Explica Evangélicos na Política Brasileira – Magali Cunha
MyNews Explica Eleições Brasileiras – Luis Felipe Salomão e Daniel Vianna Vargas
MyNews Explica Budismo – Heródoto Barbeiro
MyNews Explica Pesquisas Eleitorais – Denilde Holzhacker

Próximos lançamentos

MyNews Explica Astronomia – Cássio Barbosa
MyNews Explica Buracos Negros – Thaísa Bergmann
MyNews Explica Como Morar nos EUA – Isabela Borges
MyNews Explica Vacinas – Gustavo Cabral
MyNews Explica Relações Internacionais – Guilherme Casarões
MyNews Explica Como Viver em Portugal – Andrea Duarte
MyNews Explica Liberalismo – Joel Pinheiro Fonseca
MyNews Explica Fascismo – Leandro Gonçalves e Odilon Caldeira Neto
MyNews Explica Integralismo – Leandro Gonçalves e Odilon Caldeira Neto
MyNews Explica Sistemas de Governo – Denilde Holzhacker
MyNews Explica Previdência do Servidor Público – Mara Luquet
MyNews Explica Interculturalidade – Welder Lancieri Marchini
MyNews Explica Exoplanetas – Salvador Nogueira
MyNews Explica o Comunismo –, Rodrigo Prando
MyNews Explica Eleições e Mercado – Jorge Simino Jr.
MyNews Explica a Rússia Face ao Ocidente – Paulo Visentini